Peter Michael Wocke

Neun kompakte Erzählungen

– durchaus zum Nachdenken

mit Zeichnungen von Griseldis Gornetzky

Inhalt

Monika und Ralph hatten fast die gesamte Schulzeit miteinander verbracht und in der Kollegstufe des Gymnasiums ihr gemeinsames Interesse für Mathematik und Informatik entdeckt. So schien es nicht weiter verwunderlich, dass sie sich nach dem Abitur beide an der Technischen Universität wieder fanden – Ralph hatte sich für ein Studium des Maschinenbaus eingeschrieben, das zahlreiche Anknüpfungspunkte an die diversen Basteleien seiner Kindheit versprach, während Monika in die Tiefen der Informatik einzudringen versuchte, wo sie ihre Fähigkeiten, abstrakt, kreativ und innovativ zu denken, nach Herzenslust ausleben zu können hoffte.

Das Studium gestaltete sich für das Duo zu einer harten Arbeit, bei der an einen Achtstundentag allenfalls im Verlauf der Semesterferien zu denken war, welche die beiden eher als „vorlesungsfreie Zeit" bezeichneten, denn von erholsamen Ferien konnte angesichts der zahlreichen Prüfungen bestimmt keine Rede sein. Somit erwies sich die Vorstellung mancher oft älterer Leute, die Studenten würden im Winter Ski fahren, im Sommer segeln und ansonsten hin und wieder demonstrieren, als vollkommen haltlos und in jeder Hinsicht realitätsfremd. Tatsächlich gab es einige Kommilitonen, die öfter in der Cafeteria als in den Hörsälen anzutreffen, allerdings nach den ersten Prüfungen plötzlich sang- und klanglos von der Bildfläche verschwunden waren. Die Assistenten hatten diese Entwicklung bereits zu Studienbeginn angekündigt, als die Platzverhältnisse angesichts der hohen Anzahl an Erstsemesterstudenten oft stark eingeschränkt waren: *„Denken Sie sich nichts, verehrte Damen und*

Herren! Nach der ersten Prüfungsrunde werden alle dann noch verbliebenen Studenten ein ausreichendes Platzangebot vorfinden.“ Diese recht sarkastisch klingende Prognose basierte offenbar auf praktischer Erfahrung und bewahrheitete sich dann auch in brutaler Wirklichkeit.

Für Ralph und Monika ließen sich die immer wieder neu zu meisternden Hürden stets dank guter Vorbereitung und intensiver Bearbeitung der in jedem Einzelfach einmal in der Woche ausgeteilten Übungsblätter, die sich meist bis in die tiefe Nacht hinzog, beherzt nehmen, wobei noch reichlich Sicherheitsreserve blieb, so dass es bei beiden nie zu einer Wiederholungsprüfung kam. Ein gemeinsames Lernen erwies sich angesichts der unterschiedlichen Grundfächer als ziemlich unzweckmäßig, aber immerhin konnte die meist extrem knappe Freizeit miteinander verbracht werden. Studentische Abendveranstaltungen, bei denen jeder „mal so richtig die Sau raus lassen“ sollte, gab es zwar, aber sie verzehrten meistens viel mehr Kraft und Zeit, als es sich die jungen Leute leisten konnten, die ein festes Ziel vor sich hatten und überdies am nächsten Tag wieder ausgeruht all ihren Aufgaben nachgehen mussten, um dem Dauerstress erfolgreich begegnen zu können, der mit einem modernen Studium nun einmal untrennbar verbunden ist. Trotz all dieser oftmals widrigen Umstände hielt die Freundschaft und beide kamen Semester für Semester ihrem Abschluss immer näher. Fast vergessen waren die Ängste, bei den ersten Prüfungen rigoros „ausgesiebt“ zu werden, und die Gedanken richteten sich nun schon bald darauf aus, welche vertiefenden Fächer man gegen Ende des Studiums sinnvollerweise belegen musste und welches Thema aus dem bereits vorliegenden Auswahlkatalog sich wohl für die Abschlussarbeit am besten eignen könnte.

So verwundert es kaum, dass beide klar innerhalb der vorgegebenen Regelstudienzeit ihre Ziele erreichten und schließlich sogar Abschlusszeugnisse in Empfang nehmen durften, die sich durchaus sehen lassen konnten. Nun schien einer Aufnahme interessanter sowie gut dotierter Positionen in der Wirtschaft mit entsprechenden Aufstiegschancen nicht mehr viel entgegenzustehen. Bevor es nach dem harten Streben im Universitätsbereich sofort wieder *„ans Arbeiten"* gehen sollte, wollten die Absolventen allerdings zuerst einmal eine ausgiebige gemeinsame Reise unternehmen, um zum einen *„die Welt kennenzulernen"*, aber schließlich auch endlich einmal wieder etwas zusammen zu gestalten – zum ersten Mal seit der Abiturfahrt, die nun bereits ein gutes halbes Jahrzehnt hinter ihnen lag. Zudem ahnten sie wohl, dass sowas während des stets fordernden Berufsalltags wohl gar nicht mehr möglich sein werde und diese kurze Spanne zwischen abgeschlossenem Studium und Arbeitsbeginn wahrscheinlich die letzte und einzige Möglichkeit für ein derartiges Vorhaben sein dürfte. Geplant war eine Tour in den Nahen Osten, wo die ganz andere Lebensauffassung, welche offenbar beinahe ohne diesen ständigen Leistungsdruck der westlichen Industriegesellschaften auszukommen scheint, einmal hautnah auf alle ihre Stärken und Schwächen hin analysiert werden sollte.

Die Reise führte zunächst unbeschwert per Flugzeug nach Alexandria und von dort aus sollten in einem vor Ort angemieteten Wagen verschiedene Ziele in der näheren und weiteren Umgebung angesteuert werden. Abgestiegen wurde im Hampton

Inn Hotel – bestimmt nicht gerade die preisgüns-
tigste Adresse, aber Ralphs Eltern hatten es so organisiert und brauchten nicht jede Münze umzu-
drehen, bevor sie sie ausgaben. Überdies war der
Vater der Ansicht, dass sein Sohn ebenso wie dessen langjährige Freundin nach dermaßen glatt und
verzögerungsfrei durchgezogenen Studiengängen
wohl durchaus auch etwas Luxus verdient hätten.
Die Mutter sah dabei mehr eine Investition in die
Gesundheit ihres Sohnes, denn der Aufenthalt in
einem vielleicht nicht wirklich sauberen Gebäude
könne zu irgendwelchen Infektionen führen, deren
Folgen überhaupt nicht absehbar wären und weit
höhere Kosten verursachen würden als eine gute
und solide Unterkunft.

Nach einer Woche unter den angenehmsten Rahmenbedingungen, die man sich überhaupt vorstellen kann, und einigen kleineren Ausflügen in das
Landesinnere stand ein größerer „Trip" zu der Oase Siwa[1] auf dem Plan. Für die Fahrt, die über eine
längere Strecke durch reines Wüstengebiet führen
würde, plante man vierzehn Tage ein und es wurde dazu ein zuverlässiger sowie geländetauglicher
Wagen angemietet. Die Wahl fiel auf so einen erst
wenig gefahrenen schneeweißen amerikanischen
Pickup mit funktionsfähiger Klimaanlage, Kommu-
nikationssystem per GPS und einer aufziehbaren
Plane, mit welcher sich die Ladefläche überdecken
ließ. Außerdem wurde über die guten Verbindun-
gen des Hotels ein ortskundiger Fahrer engagiert,

---

[1] Die Oase Siwa liegt etwa 600 km südwestlich von Kai-
ro in der Libyschen Wüste und sie gehört zu Ägypten.
Das Gebiet ist eine *Depression* und *unterschreitet* den
Meeresspiegel um durchschnittlich achtzehn Meter.
Kommuniziert wird hauptsächlich in der Berbersprache
„Siwi".

der die Strecke schon mehrmals zurückgelegt hatte und mit dem eine einigermaßen flüssige Kommunikation in englischer Sprache möglich war. Die Abenteurer wussten, dass es in der Wüste sicher Straßen gibt, diese jedoch nicht im Entferntesten mit denen zu vergleichen sind, die man aus Westeuropa kennt. Deren Begrenzung lässt sich oft nur mit einem dafür wirklich geübten Auge erkennen. Kommt man vom geplanten Weg ab, hat sich der Wagen in Windeseile festgefahren und an ein Herauskommen aus eigener Kraft ist gar nicht mehr zu denken. Deshalb gehörten neben einem äußerst reichlich bemessenen Wasservorrat auch zwei eigens ausgetestete Funkgeräte zur Ausstattung, mit denen sich im Notfall die entsprechende Hilfe herbeiholen ließe. Noch sicherer wäre im Grunde eine Fahrt im Konvoi gewesen, wo eines der anderen Fahrzeuge dem, das im Sand feststeckt, rasch zu Hilfe kommen kann.

Am frühen Morgen ging es dann los und der Fahrer schien von allen drei Personen am wenigsten aufgeregt zu sein; für ihn war das Ganze ein reiner Job, der ihm auf recht angenehme Weise sein Honorar einbrachte, und er freute sich richtig darauf, einmal so einen amerikanischen Wagen zu lenken, was seinen automobilen Erfahrungsschatz weiter bereichern würde. Monika wirkte auf Ralph ungewohnt verändert und er hätte sie kaum wiedererkannt, wenn er ihr im Hotelbereich *zufällig* begegnet wäre: Das sonst immer mit so großer Sorgfalt und ebensolchem Geschick gepflegte Gesicht entbehrte plötzlich sämtlicher farblichen Betonungen und ihre Kleidung zielte diesmal nicht auf Eleganz ab, welche die Blicke der Mitmenschen ansonsten geradezu anzog, sondern war in erster Linie leicht, bequem und abenteuertauglich.

Der Fahrer startete den Motor und legte los. Obwohl der neue Tag gerade erst begann und keinerlei Zeitdruck bestand, ähnelte die Fahrweise dem Training für eine in Kürze anstehende Rallye. Auf den asphaltierten Straßen ging es einigermaßen, aber als sich unter dem Wagen nur noch eine geradezu endlose Schotterpiste erstreckte, wurden Ralph, der auf dem Mittelsitz Platz genommen hatte, und Monika, die rechts am Fenster saß, ganz schön durchgeschüttelt. Diesem jungen Mann am Steuer schien das immer größeren Spaß zu machen und er sang dabei in seinem heimischen Dialekt, der für nicht Eingeweihte leicht gähnend klang und vielleicht zur Berbersprache gehörte. Ob dieser Draufgänger überhaupt eine offizielle Fahrerlaubnis besaß, hatten die Auftraggeber im Vertrauen auf die Kompetenzen ihres guten Hotels nicht überprüft – man befand sich schließlich auf einem Fleckchen der Erde, an dem Improvisation alles ist, jedoch jede Form von Bürokratie als nutzloser Ballast meist nur eine so untergeordnete Rolle spielt. Trotz aller Bedenken waren beide recht froh, nicht auf sich selbst gestellt zu sein, denn sie erkannten die Straßenführung so gut wie überhaupt nicht und konnten es kaum nachvollziehen, warum der Fahrer auf einmal wie an einer Kreuzung scharf nach links abbog, obwohl die hügelige Fläche dort kein bisschen anders aussah als direkt geradeaus oder rechts. Manchmal stellten lose hingelegte Steine, von denen es in der Umgebung Millionen der gleichen Sorte gab, die einzige Markierung dar, aber der Einheimische schien alles fest im Griff zu haben, verfuhr sich nie und musste kein einziges Mal zurücksetzen; auch geriet der Wagen, welcher mit Sperrdifferential und Allradantrieb ausgerüstet war, in keine Situation, in der die Räder durchdrehten und ein Festfahren im lockeren Wüstensand drohte. Hat man in jener verwaisten Gegend tatsächlich einmal die Orientierung verloren, hilft es nur noch, sich zunächst nicht vom Fleck zu rühren und Ausschau nach Kamelspuren zu halten, denn diese intelligenten Tiere wissen, wo der Boden fest ist, bevor sie ihn betreten; sie laufen nur da, wo sie auch wieder heraus kommen – eine Fähigkeit, die der Mensch selbst unter Einsatz der modernsten Technik nicht beherrscht.

Die Fahrt dauerte jetzt bereits über drei Stunden und in der sengenden Hitze der Wüste wäre es für „verweichlichte" Mitteleuropäer ohne die zuverlässig arbeitende Klimaanlage kaum auszuhalten gewesen, denn mehr als 60 Grad Hitze sind Saunatemperatur und liegen in einem Auto deutlich jenseits der Behaglichkeitsgrenze. Die Geschwindigkeit steigerte sich im Laufe der Zeit immer noch ein bisschen, denn der Wüstenkenner wurde mit dem Wagen von Stunde zu Stunde besser vertraut und es schien ihn regelrecht zu reizen, die physikalischen Grenzen ständig erneut auszutesten. Ralph dachte als frisch gebackener Maschinenbauingenieur an die Belastung der Achsen und stellte sich ständig vor, welchen Stößen diese permanent ausgesetzt waren. Der Wagen hatte zwar erst relativ wenige Kilometer, so dass der Materialermüdungsprozess noch nicht weit fortgeschritten sein konnte, aber selbst die beste und modernste Achskonstruktion eines so stabilen Geländewagens hat irgendwo ihre Grenzen, deren Überschreitung dann unweigerlich zum Bruch führen kann. Monika betrachtete durch die Fenster, auf denen bereits eine dicke Staubschicht lag, die eintönige Landschaft mit ihren immer wieder neu formierten Luftspiegelungseffekten, die Seen vorgaukelten, welche es in dieser Gegend auch nicht annäherungsweise gab. Nach hinten sah man kaum etwas, denn der sehr zügig dahin fahrende Wagen wirbelte so viel Sand auf, dass er eine regelrechte Wolke aus feinstem beigefarbenem Wüstenstaub hinterher zog. Plötzlich schien sich ein ganz kleines Stück des Bodens zu bewegen und diese Unregelmäßigkeit bannte das Auge ähnlich dem einer Schlange, die nur Bewegungen wahrnimmt, auf jene eine Stelle, die anders war als die seit Stunden aufgesogene Umgebung: Da stand in der mörderischen Sonne ein an einem Holzpfahl festgebundenes, farblich perfekt an diese Gegend angepasstes Kamel, das immer wieder absackte und sich erneut emporarbeitete, damit die an seinem Nasenring befestigte Schnur keine neuen Schmerzen verursachte. Von einem Menschen war weit und breit nichts zu sehen. Monika schrie laut auf und bat den Fahrer, sofort anzuhalten, was dieser auch anstandslos tat, denn so weit fühlte er sich doch weisungsgebunden. Er erklärte in gebrochenem Englisch, dass es schon ein recht altes Tier sei, das die Beduinen dort angebunden hätten, damit es seiner Karawane nicht mehr hinterher laufe, was nur deren Fortbewegung stören würde. Es könne keine Lasten mehr tragen und sei deshalb zu nichts nütze; sterben werde es ganz von alleine und man brauche sein Leben somit nicht noch eigens auszulöschen. Der Chauffeur steuerte den Wagen rückwärts an das zappelnde Tier heran, so dass dieses etwas Schatten bekam. Monika und Ralph stiegen aus und fanden, dass die Nase von dem durchgezogenen Ring, der nun ständig scheuerte, bereits blutig war. Sofort nahm Ralph eine kleine Schere aus dem Verbandskasten und durchschnitt Faden für Faden der Schnur, wodurch das Kamel frei war. Es schien bereits viel zu schwach zu sein, um davonzulaufen. Vorsichtig wurden die Reste des Bindfadens vom Ring entfernt, während Monika die für Fußbäder vorgesehene blaue Plastikschüssel holte und sie rasch mit Trinkwasser auffüllte. Als sie diese dem Kamel vor das Köpfchen stellte, sah man richtig, wie die Lebensgeister wieder erwachten: Es trank – bedächtig und gar nicht einmal hastig, aber mit sichtbarem Genuss – bis die Schüssel leer war. Sie wurde ein zweites Mal vollgefüllt und das Bedürfnis nach frischem Wasser schien noch kaum geringer geworden zu sein. Für den Hunger gab es aus dem Proviantrucksack etwas Brot sowie ein paar Früchte, die das Tier mit seinen seitlich verlaufenden Kaubewegungen sichtlich genoss.

Die Pläne für den Tag waren damit umgestoßen: Der Trinkwasservorrat hatte sich durch den Durst des armen Wesens bereits dermaßen verringert, dass an eine Weiterfahrt mit den geplanten Übernachtungen in der Wüste überhaupt nicht mehr zu denken war. Was sollte geschehen? Es hätte bestimmt keinen Sinn gemacht, dieses Tier, das doch schließlich an den Umgang mit Menschen gewöhnt war, welche es immer als seine Herren angesehen hatte, alleine in der Wüste zurückzulassen; es würde mit der neu gewonnenen Freiheit nicht zurechtkommen und in etwa zwei Wochen einen ähnlich qualvollen Tod erleiden wie den, dem es soeben entrissen worden war. So weit Monikas Idee von der so genannten praktischen Realität auch abzuweichen schien, man musste das Kamel aus der Gefahrenzone entfernen, in der das Verdursten so unausweichlich war, es also mitnehmen. Sie überlegte noch, wie sie Ralph diesen Gedanken schonend beibringen könnte, als der Freund ihr bereits zuvorkam und prüfte, wie der Gast wohl auf die Ladefläche zu bekommen war. Diese so selbstverständlich wirkende Geste bewegte Monika dazu, Ralph spontan und innig zu umarmen. Zuerst wurde die Plane als Sonnenschutz übergezogen, die überdies weiteren Schatten für das noch immer vor dem Pfahl kauernde Tier bot. Dann zog Ralph in Zusammenarbeit mit dem Fahrer eine Art Rampe aus der Ladefläche, die vielleicht in den amerikanischen Prärien erforderlich ist, wenn der Pickup einmal als Pferdetransporter eingesetzt werden soll. Die schwierigste Aufgabe bestand allerdings darin, das noch stark entkräftete Kamel dazu zu bewegen, sich auf die vollkommen ungewohnte und damit wenig vertrauenerweckende Ladefläche zu begeben. Monika beugte sich ganz dicht an den Kopf der Tieres und flüsterte diesem sanft ins Ohr: *„Du kennst mich nicht, Du verstehst mich nicht, jedoch ich hoffe, Du merkst, dass wir dir wohl gesonnen sind und es gut mit dir meinen."* Natürlich war diese Handlungsweise logisch schwer nachvollziehbar, aber Monika fiel im Augenblick nichts anderes ein; manchmal agiert man einfach aus dem Bauchgefühl heraus und erreicht dadurch oft mehr als mit sachlich überlegten Schritten. So wird auch eine Mutter, wenn sie ihrem Kind etwas mitteilen möchte, wohl kaum das Internet zu Rate ziehen, sondern meist genau so handeln, wie es ihr das momentane Gefühl eingibt.

Nun begann eine Prozedur, mit welcher das Tier gleichsam Zentimeter für Zentimeter durch Vorhalten von ein paar Leckerbissen die Rampe hinauf gelockt wurde, auf der Monika kniete und das wüstenfarbene Wesen durch gutes Zureden und zahlreiche Liebkosungen für jeden halben Schritt belohnte. Schließlich war der Aufstieg geschafft; die Rampe konnte wieder eingefahren, die Bordwand hochgeklappt und die Plane vollständig über den weiteren Fahrgast gespannt werden. Monika blieb bei ihm oder besser gesagt, bei ihr, denn es handelte sich um eine ältere Kameldame.

So schneidig und risikofreudig der Fahrer auf der Hinfahrt den Wagen durch die Gegend gejagt hatte, so besonnen und butterweich war seine Fahrweise auf dem Weg zurück in die Zivilisation, ohne dass Ralph, der nun alleine neben dem Mann saß, irgendwelche diesbezüglichen Anweisungen hatte geben müssen. Jede Bodenwelle wurde ganz sanft genommen, so dass alle drei Mitfahrer glatt vergessen konnten, durch unwegsames Wüstengebiet kutschiert zu werden. Auto fahren konnte dieser Teufelskerl; das war einmal sicher.

Nach Einbruch der Dunkelheit wurde das vornehme Hotel wieder erreicht und Ralph musste nun einen Weg finden, den vierbeinigen Gast dort unterzubringen, so absonderlich dies auch klingen mag. Er diskutierte mit dem weltgewandten Herrn an der Rezeption und schilderte klar sein Anliegen. Dabei lernte er die wohl an jedem Ort der Erde ähnlichen Gepflogenheiten der Hotelbranche von ihrer positivsten Seite kennen: Wenn ein zahlender Gast irgendeinen Wunsch hat, versucht man unter allen Umständen, diesem nachzukommen – diskret und unauffällig: Im Vorgartenbereich war ein Platz, den zwei geschickte Handwerker in Windeseile provisorisch einzäunten und wo der Neuzugang ein Zuhause finden konnte. Ralph rangierte den Wagen rückwärts so nahe wie möglich an die Einfahrt und fuhr die Rampe zum zweiten Mal an diesem Tag aus. Dann trat Monika zu dem gutmütigen Tier und musste ihm nur leicht zeigen, wohin der Weg führen sollte. Bedächtig sowie voller Vertrauen setzte es sich in gemächliche Bewegung und rupfte alsbald ein paar Grasbüschel ab, die es so genüsslich verzehrte. Das war geschafft. Ralph entlohnte den Fahrer, welcher nun das Dreifache des ursprünglich ausgemachten Betrags verlangte, da ja durch die geänderten Umstände für ihn alles anders gelaufen und er auf der Oase nun auch nicht den Besuch habe machen können, der eigentlich geplant gewesen sei. Ralph hatte nicht die Kraft, lange zu feilschen, bezahlte den verlangten Preis und legte sogar noch einen kleinen Schein drauf, weil ja die Rückfahrt richtig schonend für Material und Nerven abgelaufen war. Die Nachtzeit verbrachten Monika und Ralph auf zwei Luftmatratzen draußen neben ihrer neuen Freundin, damit diese sich in der gänzlich unbekannten Umgebung nicht ängstigen sollte. Von einem ruhigen Schlaf war allerdings keine Rede, denn das Kamel behielt zwar seine Augen geschlossen, wendete aber ständig den Hals in immer wieder andere Richtungen. Vielleicht träumte es und erlebte die schlimmen Dinge der vergangenen Tage nun alle noch einmal, bis diese schließlich innerlich aufgearbeitet waren.

Am nächsten Morgen gab es für *Silvia*, wie die beiden Globetrotter ihren Gast nun nennen wollten, zunächst einmal einen ausgiebigen Trunk frischesten Wassers. Die Kameldame konnte selber entscheiden, wann sie genug hatte und labte sich voller Freude an dem so reichhaltigen Nass. Vielleicht trank sie bis zur Grenze der Aufnahmekapazität, weil sie ja nicht wusste, ob ihr eine erneute Durststrecke bevorstand oder ob so eine Tortur nun ein für allemal ausgestanden war. Zum Futtern gab es zunächst nur unbegrenzt Gras und verschiedene Sorten Brot, welche am Frühstücksbuffet zur Verfügung standen. Dann ging Ralph zum Markt und kaufte ein buntes Sortiment an Früchten, von denen er die Bezeichnungen größtenteils noch nicht einmal kannte. Diese reihte er „daheim" auf einer großen Platte an und legte sie vor den zweihöckerigen Gast, um auszutesten, wo die geschmacklichen Vorlieben lagen. Als Silvia satt war und sich dem bedächtigen Wiederkauen im so angenehmen Schatten der Hotelbepflanzung widmete, besorgte Ralph eine kleine Akkufräsmaschine, denn der Nasenring, der bereits eine Scheuerwunde verursacht hatte, sollte bald entfernt werden, damit auch dieses Relikt aus der Zeit des absoluten Ausgeliefertseins allmählich im Gedächtnis des Tieres verblassen konnte. Mit einem solchen Eingriff, sofern sich das Kamel diesen überhaupt gefallen lassen würde, wollte man allerdings noch ein paar Tage warten, bis die Verletzung vollständig verheilt war.

Indes stand Monika vor dem Spiegel ihres Zimmers und verwandelte sich nach der Nacht im Vorgarten Stück für Stück von der Teilnehmerin einer Wüstenexpedition wieder zu einer Stadtschönheit, als die Ralph sie kannte, mochte und immer wieder bewunderte. Der Vorgang dauerte sehr lange, denn die zur Verfügung stehende Zeit war diesmal fast unbegrenzt und es drängte weder ein Vorlesungstermin noch die Pflicht, einen nachts in groben Zügen erdachten Algorithmus am ständig mitgeführten Reiselaptop auszutesten. Während der zahlreichen Schritte ihres minutiösen Umstylings musste Monika unaufhörlich daran denken, warum man einem stets treuen Tier, das sein ganzes bisheriges Leben lang den Menschen, zu denen es gehörte, nur gedient hatte, ein so schauderhaftes Ende bereiten wollte. Die Absicht der Eigner war es gewesen, ein empfindungsfähiges Wesen bei lebendigem Leibe über viele Tage hinweg qualvoll verdursten zu lassen; es störte dabei offensichtlich auch niemanden, dass die Schmerzen an der Nase irgendwann absolut unvorstellbar werden mussten, wenn die Kräfte zum Stehen nicht mehr ausreichten und der vollkommen geschwächte Körper wenigstens im Liegen auf den unausweichlichen Tod zu warten versuchte. Jegliches Absinken des Kopfes verursachte durch die dann zunehmende Spannung der Schnur wieder neue Qualen, da der Ring in der Nase zerrte; so richtete sich der Körper – gebeutelt von der Schwäche wie dem Schmerz – immer wieder auf, um so letzterem zu entkommen, während die ständig weiter nachlassende Kraft ihn erneut in eine liegende Position zwang. Diese Folter in teuflischer Perfektion musste doch den Leuten, denen ihre langjährige Helferin nun auf einmal lästig geworden war, auch irgendwie bewusst sein. Sicher haben Beduinen eine andere Lebenskultur und auch einen wesentlich geringeren Bildungsstand als die beiden jungen Leute, welche aus einer Welt des Überflusses kamen, aber Gefühle wie Durstqual und stechender Schmerz mussten ihnen doch auch bekannt sein und es ist schließlich nicht so schwer, sich vorzustellen, was ein angebundenes Tier in der sengenden Sonne der im wahrsten Sinne des Wortes mörderischen Wüste auszuhalten hat, wenn es von seiner vertrauten Herde abgesondert, am Nachzügeln gehindert wird und nur noch auf den eigenen Tod warten soll, der bei der Lebenszähigkeit eines Kamels bis zu zwei Wochen dauern kann und außerdem mit ständig weiteren Qualen gekoppelt ist. Hierbei muss auch eine beträchtliche Portion aus niederträchtigem Sadismus noch mit im Spiel sein – nach der Denkweise: *„Wir sind deine Herren und haben die Macht, mit dir anzustellen, was immer uns beliebt. Du sollst dabei leiden und spüren, dass Du jetzt definitiv wertlos bist."* Hätte man nicht diesem Tier wenigstens den so genannten „Gnadenschuss" verpassen können, um bloß den Leidensweg abzukürzen, wenn schon kein Fünkchen Dankbarkeit empfunden wird? Hier ähnelt die Handlungsweise der eines Besitzers von einem heruntergewirtschafteten Auto, bei dem ein letzter Ölwechsel gespart wird, weil er sich vor der Verschrottung nicht mehr lohnt – nur, ein technisches Gerät spürt eben keinen Schmerz, ein Tier hingegen schon! In der Sprache der Tierschinder gibt es ja dazu sogar den geflügelten Spruch: *„Das Vieh ist keinen Schuss Pulver mehr wert."* Eine rasche Beendigung des armen Lebens wäre somit schon ein zu großer Aufwand, der zu diesem Zeitpunkt gleichsam nicht mehr „rentabel" ist. Ein solch absoluter Mangel an Empathie ist natürlich keinesfalls nur bei den Beduinen anzutreffen; auch Menschen, die sich hoch zivilisiert vorkommen, da sie das Glück haben, an einer Stelle auf die Welt gekommen zu sein, an der die Lebensbedingungen in aller Regel gut sind, denken vielfach nicht besser. So würde zum Beispiel die Betäubung vor der Kastration eines Ebers nur etwa fünfzig Cent kosten, aber dieser Aufwand beeinflusst die Gewinnkalkulation ungünstig, weshalb man lieber darauf verzichtet, denn der Halter spürt ja den höllischen Schmerz gar nicht. Es mag stimmen, dass Leute, die sich mit der Schweinemast beschäftigen, meist recht weit unten am Bildungsniveau rangieren und deshalb viel weniger Mitgefühl entwickeln als Menschen der gehobeneren Schichten. Betrachtet man aber manche Mediziner, die von ihrer Vorbildung her eigentlich zu der so genannten Elite gehören müssten, jedoch die ihnen unterstellten Versuchstiere in niederträchtigster Weise quälen, muss man ganz klar einräumen, dass Rücksicht gegenüber Mitgeschöpfen keine Frage hoher wissenschaftlicher Bildung, sondern ausschließlich der *Herzensbildung* darstellt, die unabhängig von allen äußeren Rahmenbedingungen und jedem erarbeiteten Wissen unter den Menschen gestreut ist.

Eine knappe Woche später hatte sich Silvia bereits gut in die neue Umgebung hineingefunden und sie liebte es, in ihrem grünen Gartenteil immer wieder einmal ein paar Schritte spazieren zu gehen, wobei sie das Köpfchen in würdiger Haltung trug und daraufhin einen durch und durch zufriedenen Eindruck machte. Dieser unnatürliche Ring steckte allerdings immer noch in der zarten Nase und Ralph meinte, dass es nun an der Zeit sei, ihn endlich zu entfernen – oder den Akt zumindest zu versuchen. Ganz vorsichtig drehte er dieses scheußliche Metallstück, bis er eine Nahtstelle sah. Das Material war zu fest für ein einfaches Aufbiegen; dabei hätte man abrutschen und dem guten Tier einen neuen Schmerz zufügen können. So versuchte Ralph mit äußerster Vorsicht, das Eisenstück an so einer Stelle durchzufräsen, an der ein Teil herausfiel und so schließlich ein offener Bereich mit einem Mittelpunktswinkel von etwa 90 Grad entstehen sollte. Die regelbare Akkufräsmaschine lief auf niedrigster Drehzahl, so dass sich ihre Geräusche in Grenzen hielten, während Monika zärtlich Silvias hübschen Kopf streichelte und dabei sanft und freundlich mit dem Tier sprach. Natürlich konnte es die Worte unmöglich verstehen, aber dieser sichere Instinkt, mit dem ein solches Wesen erkennen kann, ob von einer anderen Gestalt Hilfe oder doch Gefahr ausgeht, musste bestimmt noch aktiv sein. Nach über zwanzig Ansätzen war der Ring schließlich entzwei und die Operation hatte so weder Schmerzen noch Angst verursacht. Ralph konnte das Reststück vorsichtig aus der Nase heraus fädeln und seine Patientin war nun endgültig frei. Den geschickten Umgang mit einer solchen Fräsmaschine hatte der Ingenieur beim Praktikum im Bereich Feingerätebau und Getriebelehre gelernt; manchmal wundert man sich später, wofür es nützlich sein kann, wenn es jemandem gelungen ist, sich bestimmte Fertigkeiten anzueignen.

Am Abend musste einmal besprochen werden, wie die nächsten Schritte aussehen könnten: Das Hotel war noch für gute zwei Wochen gebucht, aber das Leben musste auch danach irgendwie weitergehen. Eine Überführung von Silvia nach Deutschland schien so gut wie ausgeschlossen, denn nicht nur die sehr beschwerliche Reise – womöglich unter künstlicher Betäubung, sondern auch die amtlichen Formalitäten von der Aus- und Einfuhrerlaubnis bis zur tierärztlichen Untersuchungsbescheinigung würden wahrscheinlich während der nächsten Monate für beide einen Vollzeitjob bedeuten. Auf einmal meinte Ralph, dass es sich in Ägypten doch so schlecht auch nicht lebe und es vielleicht eine Firma gäbe, die vor Ort *sowie* in Deutschland ihre Niederlassungen habe und bei der die jungen Leute möglicherweise Arbeit finden könnten. Die anfangs noch schemenhafte und verschwommene Gedankenwelt verfestigte sich im Laufe des langen Abends zu einem greifbaren Plan, der allerdings noch so viele ungelöste Eckpunkte besaß wie eine komplizierte mathematische Denkstruktur mit bei weitem mehr unbekannten Größen als konkreten Gleichungen. Als Firma käme die Siemens AG in Frage, wo Ralph und Monika nach der ersten Hälfte des Studiums fast zur gleichen Zeit ihre Industriepraktika erfolgreich absolviert hatten und wo es somit ein paar ganz vage Anknüpfungspunkte gab. Eine Zweigstelle dieser alt eingesessenen deutschen Firma, deren Geschichte trotz der vielfachen Höhen und Tiefen bereits auf die Marke von zweihundert Jahren hinsteuerte, existierte auch in Alexandria. Die auf beiden Notebooks gespeicherten Zeugnisse und Praktikumsbescheide ließen sich rasch ins Englische übersetzen und ausdrucken. Die Beglaubigung durch einen ortsansässigen Notar, der das Ganze kaum ansah, wurde binnen einer Stunde erledigt. Nach diesen Vorbereitungen konnten zwei Initiativbewerbungen gestartet werden, die innerhalb einer Woche zu Vorstellungsgesprächen führten, welche dann bei freundlicher Atmosphäre in englischer Sprache abliefen und alsbald schriftliche Zusagen zur Folge hatten.

In den Büroräumen fühlten sich die beiden neuen Firmenangehörigen bereits beim ersten Betreten fast heimisch, denn alles wirkte ziemlich vertraut und gegenüber der Praktikumszeit in der Heimat eigentlich nicht wesentlich verändert. Natürlich sahen die beschäftigten Personen mit ihrer pigmentreichen Haut und dem meist pechschwarzen Haar ein wenig anders aus als die Kollegen in Westeuropa, aber all dies spielte überhaupt keine Rolle. Wichtig war nur, welche Aufgaben es zu bewältigen galt und wie diese mit den gut fundierten, jedoch natürlich vorwiegend theoretischen Grundlagen aus dem Universitätsbereich in die Tat umgesetzt werden konnten.
Ralph musste sich bei seiner ersten Aufgabe als Ingenieur um die Konstruktion von Maschinenteilen mit der anschließenden Betriebssimulation am Computer kümmern. Es war gewiss faszinierend, was sich mithilfe moderner CAD[2]-Technik alles an diesem Bildschirm festlegen ließ, während früher mit schier unkalkulierbarem Aufwand in mühevollster Kleinarbeit immer neue Prototypen hatten gebaut werden müssen. Monika erhielt die Chance,

[2] CAD bedeutet "**C**omputer **A**ided **D**esign" (rechnerunterstütztes Gestalten) und ermöglicht die Konstruktion sowie anschließende Simulation mit weiterer Ausformung von auch teilweise ganz komplexen mechanischen Bauteilen alleine am Rechner.

in das relationale Datenbanksystem[3] einzusteigen – ein Gebiet, über das sie auch ihre Abschlussarbeit geschrieben hatte und auf dem sie sich dank guter SQL[4]-Kenntnisse sofort wie zu Hause fühlte. War man in die Arbeit vertieft, verblassten die Gedanken, dass die Eltern ein paar tausend Kilometer entfernt wohnten, denn jene interessante Welt bei der Forschung und Entwicklung gestaltete sich überall in ähnlich faszinierender Weise. Die Kommunikation in diesem Weltkonzern, zu dem beide nun gehörten, verlief selbst auf deutschem Boden vorwiegend in Englisch, so dass noch nicht einmal hier eine größere Umstellung erforderlich war. In mancher Videokonferenz wurden auch Details mit deutschen Kollegen abgesprochen, die sich dann wunderten, wenn ihnen aus dem Bildschirm Partner entgegenblickten, die ebenso gut gerade aus dem Nachbarbüro gekommen sein könnten. Somit hatte die moderne Technik Kulturen zusammengeführt, die einander zuvor vollkommen fremd gewesen waren und überdies mithilfe der effektiven Unterstützungssysteme Leistungen möglich machten, an die eine Generation zuvor kaum ansatzweise zu denken gewesen wäre. An die Stelle gegenseitigen Misstrauens oder Ignoranz war eine effektive

[3] Relationale Datenbanken dienen einer elektronischen Datenverwaltung in Computersystemen und basieren auf einer systematischen Verknüpfung verschiedener Einzeltabellen, deren riesige Informationsfülle ohne so eine technische Hilfe unüberschaubar wäre. Derartige Systeme ermöglichen eine kontinuierliche *Datenpflege* durch *Ergänzung*, *Modifizierung* oder *Löschung* einzelner Eintragungen.

[4] SQL bedeutet "**S**tructured **Q**uery **L**anguage" (strukturierte Suchsprache) und stellt eine gängige *Bedienoberfläche* von Datenbanken dar.

Kooperation getreten, die auch zwischenmenschlich als Bereicherung anzusehen ist.

Während die ersten Schritte in der Berufswelt abliefen, die sich gar nicht so schlecht anließ, war der Wohnort nach wie vor das Hampton Inn Hotel. Dieser Zustand konnte so kaum bleiben, denn beide Gehälter zusammen hätten noch nicht einmal für die Begleichung der regelmäßig anfallenden Rechnungen ausgereicht. Es musste also dringend eine günstigere Lösung gefunden werden. Ralph fand schließlich eine Behausung, die zwar nicht annähernd das Komfortniveau des Hotels aufwies, aber für die zwei Personen ausreichte und zu der auch noch ein kleiner Garten gehörte, in dem Silvia leben konnte. Jetzt zeigte sich die Unkompliziertheit der ägyptischen Mentalität. Was würde wohl sein, wenn sich der Besitzer einer deutschen Wohnung in dem dazugehörigen Gartenstück ein Kamel halten wollte? Nachbarn, andere Wohnungseigentümer und Ämter stünden sofort vor der Tür und würden pausenlos mitteilen, was an dieser Handlungsweise alles unzulässig sei und dass man das bestimmt nicht hinnehmen werde. In Alexandria stellte ein Kamel einen für alle Leute vertrauten Anblick dar, wenn auch nicht mehr unbedingt im Straßenbild der Großstadt, aber selbst nach Behörden, die sofort prüfen wollten, ob die so praktizierte Tierhaltung artgerecht sei oder nicht, hätte man vergeblich suchen können.

Nun musste noch den Eltern von Monika sowie denen von Ralph auf eine möglichst schonende Weise mitgeteilt werden, dass sich die in baldiger Bälde erwartete Heimreise wohl auf unabschätzbare Zeit verschieben werde und wahrscheinlich keiner von beiden in der nächsten Zeit abkömmlich sei. Ralph sagte bei einem Anruf daheim in fast beiläufigem Ton, dass sie jetzt an Alexandria gebunden seien, da sie sich um ihr Kind kümmern müssten. Im Redefluss seiner Mutter trat eine kurze und vollkommen ungewohnte Pause ein. Dann rief die gefoppte Dame sichtlich erregt: *„Was, so weit seid ihr schon? Aber das gibt's doch gar nicht! So etwas braucht doch seine Zeit, das weiß ich schließlich auch noch. Das ist bestimmt etwas ganz anderes, was deiner Monika im Moment fehlt. Wenn möglich, setzt euch ins nächste Flugzeug und ich spreche inzwischen mit unserem Hausarzt, damit dieser dann eine gründliche Untersuchung einleiten kann, sobald ihr zurück seid."* Schließlich kam eine aus vollem Hals lachende Monika ans Telefon und klärte den Sachverhalt auf. Das Gespräch mit ihren Eltern spielte sich nicht ganz so lustig ab, weil diese bereits beim Abflug reichlich Bedenken geäußert und selber noch nie weiter von ihrer Heimat weg gekommen waren als bis zu einem der Nachbarländer. Schließlich zeigten sie sich mit der Entscheidung einverstanden und empfanden eine tiefe Bewunderung vor der Achtung, die ihre Monika sowie ebenso ihr (hoffentlich) zukünftiger Schwiegersohn offenbar vor dem Leben hatten. Die beiden würden vortrefflich zusammenpassen!

Die Zeit zog ins – ferne – Land und die Aufgaben im Hause Siemens ließen sich gut bewältigen. Mit jeder Herausforderung wuchs auch die Erfahrung, so dass die anfallenden Probleme immer Schritt für Schritt gelöst werden konnten. Die schon recht alte Silvia lebte in ihrem neuen Reich bei bester Versorgung noch über zwei Jahre, bevor sie gut behütet sanft entschlief. Sie hatte einen Lebensabend genossen, wie man ihn sich für ein treues Kamel nur wünschen kann.

Jetzt war es an der Zeit, wieder einmal eine Wende einzuleiten, welche zuerst in einer beruflichen Versetzung nach Deutschland bestand. Der Stellenmarkt wurde durchforstet und bald zeigte sich, dass man einen Maschinenbauingenieur sowie eine Informatikerin auch in den deutschen Niederlassungen der Firma gut gebrauchen konnte, zumal beide bereits Berufs- und sogar Auslandserfahrung vorweisen konnten. Für Ralph bedeutete die Versetzung, dass er sofort ein Angebot für den Karrieresprung zum *"Line Manager*[5]*"* erhielt, was in seinem Alter sicher nicht selbstverständlich war. Natürlich blieb es nicht aus, dass man ihn einmal danach fragte, wie er eigentlich auf die Idee gekommen sei, ausgerechnet in Ägypten die ersten Berufsjahre zu verbringen. Er antwortete nur diplomatisch: *„Wie das Leben eben so spielt; bei mir war es hauptsächlich die Liebe."* Aus Takt bohrte man nicht weiter nach. Bei Monika spielte sich die Konversation ganz ähnlich ab und sie antwortete vieldeutig: *„Was will man machen – gegen Gefühle?"* Später ärgerten sich die beiden Helden unabhängig voneinander über ihre Feigheit, nicht ganz offen berichtet zu haben, wie alles seinen Lauf genommen hatte. Musste man sich denn tatsächlich für diese tatkräftige Unterstützung eines hilflosen Wesens in höchster Not schämen? Eigentlich sollte ein derartiges Verhalten gegenüber allen unseren Partnern doch *absolut selbstverständlich* sein!

[5] *Line Manager* ist die heute meist in der Industrie verwendete Bezeichnung für den *Fachgruppenleiter*, der früher üblicherweise als „Gruppenführer" tituliert wurde.

Ein knappes Jahr später kam es zu der bereits seit langem anvisierten Hochzeit. Als noch einmal etwa so viel Zeit ins Land gegangen war, brachte Monika einen gesunden Jungen zur Welt, der bei seiner Taufe den Namen *Silvan* erhielt.

Soll ich oder soll ich nicht?

Max war in Grunde kein Angeber, der sich überall sofort in Pose zu setzen versuchte und ständig mit seinen Leistungen oder Errungenschaften prahlte, aber er nahm doch immer recht gerne den Mund „reichlich voll" und kannte offensichtlich den Begriff „Angst" ausschließlich bei anderen Personen. Kam das Gespräch in der fröhlichen Runde der jungen Leute, die allesamt so kurz vor dem Abitur standen und von denen der allergrößte Teil das achtzehnte Lebensjahr bereits vollendet hatte, also dem Gesetz nach bereits zu den „erwachsenen Staatsbürgern" gehörte, einmal auf bestimmte Extremsportarten, äußerte Max meist eindeutig und unmissverständlich, dass er überhaupt keine Bedenken hätte, so etwas auch jederzeit selbst anzupacken – er sei lediglich mangels Gelegenheit bisher noch nie dazu gekommen, aber es wäre doch vom Prinzip her überhaupt nichts dabei.

Kurz vor dem Ende der gemeinsamen Gymnasialepoche nahte sein neunzehnter Geburtstag und es war mittlerweile in der Freizeitgruppe üblich, solche „Events" gebührend zu feiern und dem Jungjubilar auch ein kleines Geschenk zukommen zu lassen – nichts ausgesprochen Protziges, aber etwas, das zu dem Charakter passte, den sich die anderen im Innern ihres Gruppenmitglieds vorstellten. Für Max erwarb man einen ganz unscheinbar aussehenden grauen Gutschein zur Durchführung eines Bungeesprungs, für den alle zusammengelegt hatten. Er gab sich doch immer sehr sportlich und konnte mit diesem Geschenk einmal zeigen, dass es ihm tatsächlich auch vor zahlreichen Zeugen an Mut nicht fehlte.

Der Geburtstag kam und Max erhielt sein Präsent, das in ein lustiges buntes Papier eingewickelt war und außerdem noch eine grell rote Schleife trug. Er öffnete die Kostbarkeit mit der besten Vorsicht, denn er vermutete eine Art empfindlichen Datenträger von irgendeiner Filmaufnahme, die das Gedächtnis für Erinnerungen an gemeinsame Erlebnisse ein wenig entlasten sollte; allerdings war der Inhalt dafür eigentlich zu biegsam, aber Max konnte ja nicht wissen, welche neuen Technologien inzwischen auf dem Fachmarkt waren, die vielleicht plötzlich sogar zerknüllbare Speicherchips möglich sein ließen. Nach dem Öffnen erstarrte sein Blick, denn der vollständige Name des offenbar für ausreichend tollkühn eingeschätzten Empfängers war bereits ganz klar aufgedruckt. Er musste lediglich an dem vorgesehenen Datum, das dummerweise auch noch in die Osterferien fiel, weshalb eine Verhinderung wegen irgendwelcher schulischen Belange von vorn herein völlig ausgeschlossen war, persönlich an dem angegebenen Ort erscheinen und nach dem Vorzeigen seines Personalausweises unterschreiben, dass er alleine das Risiko trage und im Falle einer Panne keinerlei Forderungen an den Veranstalter selbst stellen oder stellen lassen werde. Nach dieser mentalen Dusche, die sich wirklich eiskalt anfühlte, hatte Max die sehr schwierige Aufgabe zu meistern, äußerlich weiterhin den „coolen Typen" heraushängen zu lassen, dessen Gedanken über die soeben erfahrene „Kleinigkeit" schon längst hinweg waren, während ihn innerlich das Problem quälte, wie er bloß vor seinen Freunden dastehen würde, wenn er jenen Sprung nun doch nicht wagte.

Der Zeitpunkt stand fest und von einer möglichen Verschiebung war auch im Kleingedruckten nichts zu finden. Man könnte vielleicht genau an diesem Tag einen seit langem ausgemachten Zahnarzttermin haben – jedoch an einem Samstag? Vielleicht wäre ein leichter Motorradunfall am Vortag die Lösung. Mit solchen Erklärungen konnte man bei den Lehrern meistens die so ersehnte Terminverlängerung für irgendeine Hausarbeit erreichen, aber gegenüber Mitschülern, die solche Tricks doch selber zumindest seit Beginn ihrer Gymnasialzeit immer wieder und mit zunehmender Perfektion praktizierten? Die „Kumpels" aus der Gruppe waren in solchen Dingen verdammt hellhörig und überdies bestimmt nicht sofort mit einer gründlichen Schonung der zu strapazierten Gesundheit einverstanden wie beispielsweise die Eltern. Der Abend verlief weiterhin bunt und lustig, aber Max erlebte diese Atmosphäre dezenter Ausgelassenheit wie durch einen Schleier hindurch und musste außerdem ständig darauf achten, den äußeren Schein zu wahren und sich auf gar keinen Fall irgendetwas anmerken zu lassen.

Abends im Bett grübelte er weiter und suchte nach einem Ausweg. Als Arztsohn wusste er, dass bei jedem Bungeesprung immer ein paar Adern platzen und somit innere Blutungen entstehen. In der Regel kommen diese rasch wieder zum Stillstand und der Betroffene spürt überhaupt nichts davon. Erst in fortgeschrittenem Alter wird die Gefahr größer, wenn die Wahrscheinlichkeit für Blutungen im Gehirn zunimmt, die dann zu Ohnmachtsanfällen führen können. Max tröstet sich damit, dass beispielsweise Rallyefahrer ebenfalls temporär großen Beschleunigungen ausgesetzt sind und diese meist problemlos überstehen, sofern es dabei zu keinem Unfall kommt. Schließlich gibt es bei jenem

olivgrünen Verein doch auch so genannte Kampf-
piloten, die nicht einmal Plomben im Mund haben
dürfen, weil diese bei den extrem hohen dynami-
schen Belastungen herausfallen und anschließend
verschluckt werden könnten. Solche Informationen
hatte das komische Männlein in Grau bei der Wer-
beveranstaltung, die vor ein paar Wochen nach zö-
gernder und widerwilliger Zustimmung des Schuldi-
rektors im Rahmen einer Sozialkundestunde statt-
gefunden hatte und offenbar nur dem Zweck dien-
te, das personelle Ungleichgewicht mit einem wenigstens etwas größeren Abiturientenanteil gering-
fügig in die gewünschte Richtung zu manipulieren,
unfreiwillig preisgegeben, als die Oberstufenschü-
ler immer einkreisendere Fragen gestellt und sich
von dem andressierten Redeschwall über eine *„rasche Traumkarriere mit hoher Verantwortung und
Anerkennung"* nicht hatten einwickeln lassen. Zu
jener Berufsgruppe wollte natürlich keiner der lus-
tigen Clique, in der Max so gerne die Freizeit verbrachte, kurz nach dem Schulabschluss gehören,
aber selbst solche Leute überleben doch schließlich meist ihre Flüge, bei denen sie sich schrittwei-
se bis nahe an die neunfache Erdbeschleunigung[6]
herantasten, sofern sie nicht abstürzen und dabei
Schwierigkeiten haben, den Schleudersitz auszulö-
sen. Dagegen wirkte ein einfacher Sprung an einem Gummiseil doch geradezu wie eine Art Spiel-
chen.

Am nächsten Morgen tat Max etwas, das seit seiner frühen Kindheit nicht mehr vorgekommen war:
Er fragte den Vater um Rat. Seit dem sechzehnten

---

[6] Die Erdbeschleunigung – auch Erd-Ortsfaktor – wurde
nach Messungen im Jahr 1901 festgelegt auf:
$g \approx 9,80665 \text{ m/s}^2 \approx 9,81 \text{ m/s}^2 \approx 10 \text{ m/s}^2 = 10 \text{ N/kg}$

Lebensjahr hatte er sich jede Einmischung in sein Privatleben strikt verbeten, da er ja mittlerweile alt genug sei, um selber entscheiden zu können, mit wem er Umgang habe und was er vor dem oft sehr späten Heimkommen noch alles mache. Seine Eltern akzeptierten diese Einstellung, da der Junge schließlich erwachsen werden müsse und später vielleicht auch nicht ständig ein Elternteil zur Stelle sei, um ihm eine mehr oder weniger unbequeme Entscheidung abzunehmen. Jetzt kam offenbar die Rache für die seit langem verschmähte Fürsorge und sein Vater antwortete ernst, allerdings keineswegs gehässig: *„Da kann ich dir nicht dreinreden, denn Du musst seit über einem Jahr alleine entscheiden, was Du für richtig hältst und was nicht. Über die medizinischen Gefahren bei solch einem Unternehmen haben wir uns schon einmal miteinander unterhalten und daran hat sich seitdem aus fachlicher Sicht nichts geändert. Muttchen und ich möchten natürlich unter allen Umständen weiterhin einen gesunden Max haben und keinen, der uns gar nicht mehr erkennt, wenn wir ihn im Krankenhaus besuchen und er dort im Dauerkoma liegt.“* Damit war die Entscheidung noch immer nicht endgültig gefallen und Max fühlte sich innerlich hin und her gerissen. Wie stünde er vor seinen Freunden da, wenn er den blöden Gutschein verfallen ließe, den man noch nicht einmal auf einen anderen Interessenten übertragen konnte? Was wäre dagegen, wenn die Folgen der hohen Beschleunigung ausgerechnet in seinem Fall nun doch nicht so harmlos ausfallen würden wie in der statistischen Mehrheit? Dann wäre er vielleicht bereits in ganz jungen Jahren so eine Art Pflegefall, der bei einfachsten Tätigkeiten auf fremde Hilfe angewiesen ist – nicht auszudenken! Wie viel Zeit blieb noch bis zu diesem Termin, dessen bloße Ankündigung schon so ein Durcheinander angerichtet hatte? Seine Mutter wollte Max überhaupt nicht mehr fragen, denn sie tutete meist ziemlich genau in Vaters Horn und ein Gespräch mit ihr würde wohl lediglich eine Wiederholung der bereits ergebnislos verlaufenen Diskussion mit dem „alten Herrn" werden. Seine Freundin Angelina mochte Max auch nicht zu diesem Thema ansprechen, denn sie war ebenfalls seit langem Mitglied in der fröhlichen Teamrunde und hatte wahrscheinlich sogar ihren Taschengeldbeitrag für den Erwerb dieses unsäglichen Gutscheins entrichtet, stellte also keine unbefangene Gesprächspartnerin dar. Somit war Max ganz alleine auf sich selbst gestellt, obwohl er einen großen Freundeskreis besaß, in dem sonst über quasi alles oft bis zur Erschöpfung diskutiert wurde. Er kam sich wie ein Schiffbrüchiger vor, der einsam in einem Rettungsboot sitzt und immer größeren Durst empfindet, obwohl sich um ihn herum eine schier unbegrenzte Wassermenge erstreckt, die er aber nicht anrühren darf, weil es sich um Salzwasser handelt.

Der „Tag der Entscheidung" rückte ständig näher und Max machte nach wie vor gute Miene zum bösen Spiel; er zeigte sich, als wisse er längst, was zu tun sei, habe diesen Punkt bereits vollständig abgehakt und durch Aktuelles verdrängt. Wenigstens jene seit langer Zeit eingeübte Taktik gelang — wie bei einem Politiker, der an seine Wählerschaft wieder eine neue Krise weiterleiten muss und diese nach dem bewährten Prinzip verpackt, die Lage sei zwar hoffnungslos, jedoch keineswegs ernst. Wichtig ist einzig und allein die gute Figur, die der „Mann der Öffentlichkeit" während seines Auftritts „vor dem Volk" abgibt. Max durchdachte noch einmal ganz sachlich, beinahe wissenschaftlich, welche plausibel klingenden Ausreden in die engere Auswahl gezogen werden könnten und welche von den Freunden sofort durchschaut würden. Es blieb wahrlich nicht viel, denn die meisten Varianten waren als Abfangmechanismen gegen den Zorn der Lehrer nach versäumten Vorbereitungen oder gegenüber den Eltern bei nicht vollendeten Aufräumarbeiten aufgrund der vorausgegangenen Partys in ebendieser Gruppe entwickelt, verfeinert und nach ausgiebigem und systematischem Durchspielen zu einer meist erfolgreichen Anwendung gekommen. Wie sollte eine dieser Ideen nun gegenüber ihren Mitentwicklern zielführend sein und kein schallendes Gelächter verursachen? Je weiter die Zeit fortschritt, desto deprimierter wurde Max, da ihm einfach kein gangbarer Ausweg einfallen wollte. Der Religionslehrer hatte mehrmals gesagt, dass es für den Christenmenschen den Begriff „Ausweg" überhaupt nicht geben würde, sondern stets nur einen Weg, den er gehen müsse, auch wenn dieser oft steinig und beschwerlich sei. Was hieß das aber im vorliegenden Fall? Alle Varianten einer noch so ausgeklügelten Ausrede schieden dadurch bereits aus und übrig blieb eigentlich nichts als die nackte Wahrheit. Diese müsste also entweder in der Ausführung jenes verfluchten Sprungs liegen oder einfach darin, dass Max sich ganz offen dazu bekannte, die an ihn gestellte Mutprobe abzulehnen. Welche Lösung war nun die richtige? Das Fragezeichen wollte überhaupt nicht kleiner werden und die wenigen noch verbleibenden Tage wurden schließlich zur Qual. Der Samstag, welcher längst im Taschenkalender eingetragen war, ließ sich nicht so zwanglos überspringen, sondern er musste durchgestanden werden.

Es eröffnete sich ein wunderschöner Frühlingstag und in den Nachrichten war während der vergangenen Wochen nie von einem Bungeespringer die Rede gewesen, der bei seiner Aktion einen Unfall erlitten habe. War es hierzu tatsächlich nicht gekommen oder lohnte so ein eher unwichtiger Vorfall nicht für eine Meldung in den Medien, weil er einfach zu läppisch war und lediglich eine Minderheit interessierte? Auf alles gab es stets wenigstens zwei Antworten und Max wusste einfach immer noch nicht, was er tun sollte.

So bestieg er seinen flotten Kleinwagen, den ihm die Eltern zur Volljährigkeit geschenkt hatten, und machte sich auf den „Ausflug" zu der angegebenen Hochbrücke, von welcher der Sprung stattfinden sollte. Die Fahrt verlief eigentlich glatt, allerdings war zwanzig Kilometer vor dem Ziel plötzlich Stau. Als Max in Schrittgeschwindigkeit näher kam, konnte er sehen, wie ein Krankenwagen mit Blaulicht davonfuhr, während das eingeübte Team vom Abschleppdienst zwei stark verbeulte PKWs aus dem Durchfahrtsbereich zerrte. So etwas passiert auf unseren Straßen fast täglich und keine größere Zeitung berichtet davon, solange es sich nicht um eine wirkliche Massenkarambolage handelt. Max konzentrierte sich voll auf das Fahren und erreichte rechtzeitig den „Ort der Entscheidung". Die Brücke, auf der eine Eisenbahnlinie den Fluss überspannte, sah von unten äußerst bedrohlich aus – zumindest, wenn man ständig daran dachte, in wenigen Minuten von dort oben hinunter springen zu müssen. Max überlegte kurz, wie schön die Welt jetzt, gerade eine Woche vor Ostern, sein könnte, wenn bloß diese so blödsinnige Verpflichtung nicht wäre; worauf hatte er sich da nur eingelassen?

Auf dem Parkplatz war sofort der rote Sportwagen von Jenifer zu erkennen, die Mike mitgenommen hatte, denn seine schwarze Jacke lag lässig hinter den Sitzlehnen; auch die Fahrzeuge einiger anderer Mitglieder der Clique waren gar nicht zu übersehen, wie beispielsweise Freds alpinweißer VW Käfer mit H-Kennzeichen[7], jedoch stolzen 210 PS[8], die ihm bei seinem vollständigen Neuaufbau unauffällig eingepflanzt worden waren. Die Freunde hatten also das anberaumte Ereignis nicht vergessen. Was erwarteten sie nun von Max? Er parkte seinen Wagen und ging beherzten Schrittes auf eine kleine Holzbaracke zu, die als Büro eingerichtet war.

Währenddessen löste sich ein Sportskollege vom Geländer der Hochbrücke und stürzte – gesichert durch das lebensrettende Gummiseil – lautlos in die Tiefe. Max wandte in jenem Moment dem Geschehen gerade den Rücken zu und bekam daher gar nichts von der mutigen Darbietung mit. Es ist schwer zu sagen, ob diese den Nachahmungstrieb aktiviert oder vielleicht doch eher einen weiteren inneren Schauder vor der nun unmittelbar bevorstehenden Aktion hätte aufkommen lassen.

[7] Für ein zugelassenes motorisiertes Fahrzeug, das 30 Jahre erreicht hat und mindestens Zustand „drei" aufweist, kann in Deutschland das steuerlich begünstigte H-Kennzeichen beantragt werden, welches das Objekt als **h**istorisch interessant auszeichnet.
Dabei wird rechts neben den Ziffern noch der Buchstabe „H" ergänzt.

[8] PS ist die alte Bezeichnung zur Leistungsangabe und bedeutet „**P**ferde**s**tärken", die mittlerweile durch Kilowatt [kW] ersetzt wurde.
Es gilt der Zusammenhang:
1 kW = 1,36 PS

Eine freundliche junge Dame mit sportlichem Käppi sowie extrem langen – künstlichen – Fingernägeln begrüßte ihn und erbat sich seine Legitimation. Max legte den Gutschein vor, der ihm in den letzten Wochen so viel Grübelei abverlangt hatte, und zeigte den Ausweis, dessen Lichtbild in einem kurzen geübten Blick mit dem ernsten Gesicht verglichen wurde. Die Dame sprach flüssig und in kundenfreundlichem Ton die wohl schon sehr oft ausformulierten Sätze: *„Hier unten müssten Sie unterschreiben. Anschließend gehen Sie bitte links rüber zu unserem Kollegen! Der wird Sie dann genau wiegen und Ihnen alles Weitere erklären. Heute ist das Wetter für einen Sprung bestens geeignet; ich wünsche Ihnen viel Erfolg und ebenso viel Spaß."* Max war nun der

– nicht Stunde, auch nicht Minute, sondern *Sekunde* – der Entscheidung so nah wie nie und *musste* einfach seinen Weg finden. Er sagte deutlich und unbeirrt die Worte: *„Ich möchte nicht unterschreiben. Vielleicht freut sich jemand anderes, wenn ich ihm meinen Sprung schenke."* Auch solches Verhalten schien für die Dame auf der anderen Seite des provisorischen Tresens nicht neu. Sie blieb ganz gelassen und meinte lediglich: *„Das ist allein die eigene Entscheidung jedes unserer Kunden. Wir nötigen niemanden zu einem Sprung, allerdings entgeht Ihnen damit auch ein Erlebnis, das Sie noch all Ihren Enkeln und Urenkeln erzählen könnten."* War selbst diese Ansprache eine routiniert eingeübte Floskel? Max verabschiedete sich förmlich, verließ aufrecht den Büroraum und hinter der Glastür standen alle seine Freunde, die ihm wie verabredet symbolisch Beifall klatschten. Max hob beide Arme, wehrte lächelnd ab und sagte absolut ehrlich: *„Hey Leute, ich springe nicht. Das ist für mich kein Vergnügen und ich setze die für mich wertvolle Gesundheit ungerne einfach so aufs Spiel. Ich hoffe, Ihr könnt das verstehen. Vielen Dank auch für euer vollständiges Erscheinen!"*

Dann löste sich Angelina aus der kleinen Gruppe, ging auf ihren Max zu und flüsterte ganz leise: *„Du bist von uns allen der Mutigste; hier ein klares Nein zu sagen, hätte sich sonst keiner getraut. Ich bin jedenfalls froh, dass Du mir gesund erhalten bleibst."* Die Worte hatte außer dem Angesprochenen niemand der Umstehenden verstanden – zu eng lehnten die beiden aneinander...

Herzlich unwillkommen

Es war ein klarer Sonntagnachmittag im Frühsommer und Frau Hübner deckte mit größter Sorgfalt den Kaffeetisch. Diesmal stand keine Damenrunde mit fünf ihrer besten Freundinnen bevor, bei welcher fünf Stunden über jene fünf anderen besten Freundinnen gesprochen würde, die erst nächste Woche wieder dabei waren, sondern dieses neue Anhängsel ihres Sohnes Kurt musste erstmals zu Besuch kommen. Telefoniert hatte sie mit dem Mädel bereits des Öfteren und da war ihr die Stimme jedes Mal recht sympathisch vorgekommen, aber was sagt schon eine Stimme, die doch immer irgendwie geschönt sein kann? Ja gewiss, die Kleine war Medizinstudentin und kam aus einer Arztfamilie, jedoch auch sowas verriet noch lange nichts über ihren wirklichen Kern; diesen galt es heute zu ergründen und Frau Hübner würde ganz bestimmt etwas finden, was ihr Sohn in seiner viel zu großen Gutgläubigkeit und hoffnungslosen Unerfahrenheit übersehen hatte. Sie fühlte als Mutter die Verantwortung dafür, ihr einziges Kind vor Irrwegen jeder Art zu bewahren, und dazu gehörte vor allem auch so eine Freundschaft, die über ein oberflächliches Alltagsgeplauder bereits einen gewaltigen Schritt hinausging; selbst wenn dieser genau genommen doch noch gar nicht allzu groß war, galt schließlich stets der alte Grundsatz: *„Wehret den Anfängen!"* Frau Hübner stellte die letzte Tasse auf den säuberlich gedeckten Tisch, schloss die Tür zur Terrasse, damit nicht noch irgendwelches Getier ins Zimmer gelange, und seufzte tief. Wie ungerecht war doch alles: Sie hatte ihr Kind auf die Welt gebracht, es gehegt und gepflegt, bis aus ihm dann ein junger Betriebswirtschaftler in bereits recht guter Berufsposition geworden war, und nun kommt so ein schwer einzuschätzendes Ding daher und bringt sein ausgewogenes Leben komplett durcheinander – nur weil es ein paar Jahre jünger ist als sie, die doch bisher immer der unbestrittene Mittelpunkt in Kurts Leben war. Wie schön könnte das noch eine gute Weile so weitergehen, ohne dass irgendein übereilter Schritt alles auf den Kopf stellen und damit ein vollkommen unnötiges Wirrwarr anrichten musste! Heute galt es also, die ganz sicher vorhandenen Schwachstellen an jener Person herauszufinden und diese dann ihrem lieben Sohn mit Bedacht, jedoch unmissverständlich klarzumachen. Ihre Strategie war bislang immer aufgegangen; warum sollte sie nicht auch diesmal gelingen? Ihm würde schließlich noch genug Zeit bleiben und überdies sei es heutzutage gar nicht unbedingt der richtige Weg, sich menschlich zu binden, da man nie wisse, welche Flausen so ein fremdes Element plötzlich ausbrüten könne. Frau Hübner wollte den Schein auf alle Fälle wahren und äußerlich freundlich bleiben – zumindest heute, damit Kurt danach überzeugt wäre, dass die Wurzel der Probleme bei dieser Nicola liege und nicht etwa bei seiner Mutter. Schon der Name klang eigentlich irgendwie arrogant und entfaltete so auf die Dame des Hauses bereits eine abstoßende Wirkung, bevor sich die Trägerin in ihr heiliges Revier eingeschlichen hatte, aber dies stand nun einmal auf dem Tagesplan und ließ sich leider nicht mehr ändern.

Die Strategin trat noch einmal vor den Spiegel und war eigentlich mit ihrem Erscheinungsbild ganz zufrieden. Zumindest wirkte es für so einen Besuch vollkommen ausreichend, denn es war ihr gar nicht weiter wichtig, welchen Eindruck sie selbst machen würde, sondern sie wollte in erster Linie möglichst viele negative Punkte dieses jungen Weibsbildes ausloten, das sich ja erfrechte, in die harmonische Idylle ihrer Familie vorzudringen.

Ein kurzer Blick auf die Uhr sagte der Mutter, dass ihr Sohn mit diesem „Besuch" jetzt bald kommen müsse. Er holte die Person auch noch in seinem Wagen ab, obwohl nur gerade einmal zwei Ecken entfernt eine Straßenbahnhaltestelle lag, von der aus man vollkommen bequem zu Fuß gehen konnte. Noch einmal lief in Frau Hübners Gedanken die ganze Zeit, die sie mit ihrem Kurt verbracht hatte, wie in einem Zeitraffer ab: Seine Geburt war nicht weiter schlimm gewesen. Als sie ihrem einjährigen Nachwuchs das Laufen beibrachte, fand die Phase des aufrechten Gangs anfangs immer schon nach ganz wenigen Schritten ihr Ende; er hatte die Fortbewegung auf zwei Beinen im wahrsten Sinne des Wortes *von Fall zu Fall* gelernt. Während er zur Schule ging, war Frau Hübner nie in die Sprechstunden beordert worden, auch erinnerte sie sich nicht daran, jemals einen Verweis oder auch nur einen dieser Hinweise unterschrieben zu haben, von denen ihre Freundinnen, die meist selber Kinder hatten, oft Stunden lang berichten konnten. Als Sechzehnjähriger war es Kurt plötzlich in den Sinn gekommen, die Möbel in seinem Zimmer umzustellen, weil ihm das so besser gefiel und außerdem zweckmäßiger sei. All solche Faxen hatte sie ihm stets auf der Stelle ausgetrieben und dann ein für alle Mal klar gemacht, dass das Haus nach Vaters Tod ihr ganz alleine gehöre und ansonsten niemand zu bestimmen habe, wie etwas hinzustellen sei. Als ihr Junge dann einmal seine Frisur ändern wollte, war auch dieses Anliegen vehement abgewürgt worden, indem sie ihm zu verstehen gegeben hatte, dass *sie* entscheide, welcher Anblick ihr gegenüber sitze, solange er seine Füße unter ihrem Tisch ausstrecke. Während des Studiums gab es auch schon ein paar Freundinnen, die sich angeblich von ihrem Sohn hin und wieder zahlreiche fachliche Unterlagen ausliehen – oder dies wahrscheinlich bloß vorgaben, um sich ungeniert aufdringlich geben zu können. Solche Eskapaden hatte Frau Hübner meist schnell abwimmeln müssen und Kurt war jedes Mal baldigst wieder zur Besinnung gekommen. Mit diesem heutigen Eindringling würde sie ganz bestimmt auch noch fertig werden; den Zorn, welcher ihren Kampfgeist beflügeln sollte, hatte sie sich bereits aufgebaut.

Da vernahm sie das unverkennbare Geräusch von Kurts Wagen und das leichte Rappeln des elektrischen Garagentors, das sich nach dem Einfahren wieder sanft schloss. Warum dauerten die wenigen Schritte bis zur Haustür eigentlich so lange? War da etwa irgendwas in Vorbereitung, das ihre Strategie stören oder gar über den Haufen werfen sollte? Diesen jungen Dingern von heute konnte man ja schließlich alles zutrauen!

Das Schloss wurde von außen geöffnet und Kurt trat zusammen mit jenem Exemplar, welches ihrem Jungen den Kopf zu verdrehen suchte, was sie im Rahmen ihrer mütterlichen Pflichten nun wirksam verhindern musste, in den Frieden der festen Burg. Frau Hübner hörte kaum, wie Kurt in seinem stets ausgeglichenen und freundlichen Ton zu ihr sagte: *„Das ist die Nicola, mit der Du schon ein paar Mal telefoniert hast. Ich freue mich, dass ihr euch nun persönlich kennenlernt."* Die Hausherrin musterte dieses Mädchen, scannte es gleichsam blitzschnell von oben bis unten ab und dachte sich: *„Welchen Sinn hat eine über die – wahrscheinlich künstlich gebleichten – Haare geschobene Sonnenbrille und außerdem wurde wohl hier deutlich zu tief in den Farbtopf gegriffen, was?"* Frau Hübner war selbst auch keineswegs farbenscheu, aber so eine junge Pflanze brauchte das doch nun wirklich noch nicht, oder musste sie darunter etwas verstecken? Ansonsten konnte man ihr grell zitronengelbes Kleid durchaus als geschmackvoll und absolut passend ansehen – aber bei der Brieftasche des Vaters war es als Arzttöchterchen auch bestimmt keine Kunst, Geschmack zu haben. Was trug sie da in den Händen? Diese umschlossen etwas Bestimmtes und Frau Hübner fielen nur die knallig rot lackierten Nägel auf. Jene Nicola, wie sie sich nannte, lächelte und äußerte in sehr gewandtem Stil: *„Ich bedanke mich ganz herzlich für die nette Einladung. Leider kann ich Ihnen im Moment nicht die Hand geben, weil neben der Garageneinfahrt ein kleiner Patient litt, den wir soeben aufgegriffen haben und der unsere Hilfe braucht. Meine Schuhe ziehe ich besser aus, damit sie keine Druckstellen auf Ihrem schönen Parkettboden hinterlassen."* Nach diesen Worten streifte sie mit zwei recht geschickten Bewegungen ihre Fußbekleidung ab und lehnte sich dabei nahezu unmerklich an Kurt. Aus einer aparten Tasche, die dieser ihr hielt, kamen ein Paar weiche Hausschuhe zum Vorschein, die Nicola überzog, ohne eine Hand dafür zu benötigen. Die doch sehr rücksichtsvoll anmutende Geste entfachte bei Frau Hübner nur den finsteren Gedanken: *„Würden keine solchen Nuttenschuhe getragen, brauchte sie das alles gar nicht."* Die freundliche Schau vollzog die gerissene Hexe nach Ansicht der Mutter doch nur aus reiner Heimtücke, damit man ihr nicht zu schnell auf die Schliche kommen sollte; aber auch so einem Individuum fühlte sich Frau Hübner allemal gewachsen, denn sie besaß ja schließlich eine gehörige Portion mehr an Lebenserfahrung. *„Was für einen Patienten meinen Sie denn – etwa einen Schmetterling?"* fragte sie leicht irritiert, aber Kurt antwortete ihr in seiner warmen verbindlichen Art: *„Nicola fiel eine kleine Maus auf, die sich auf drei Beinchen über den Rasen zog, weil ihr rechter Hinterlauf offenbar gebrochen ist; vielleicht kann man ihn vorsichtig schienen, damit der Knochen wieder richtig zusammenwächst."* Diese Unverschämtheit schlug nach Frau Hübners Ansicht dem Fass den Boden aus: Brachte doch jene Göre ihr nicht nur sich selbst, sondern auch noch ekliges Ungeziefer ins Haus. Die Mutter bekam kaum ein Wort heraus, denn der Ablauf der Dinge passte nicht mehr in die Strategie, welche sie sich vor dem Zusammentreffen zurechtgelegt hatte. Kurt ging mit Nicola ganz ruhig an seinen Arbeitstisch und die baldige Ärztin meinte, dass ein Streichholz vielleicht gehen müsse. Der junge Mann begann sofort mit der Suche, was sich in einem reinen Nichtraucherhaushalt als gar nicht so einfach erwies. Schließlich fand er ein kleines Werbegeschenk, das noch immer im Küchenschrank lag und ein paar Zündhölzer enthielt. Er brach eines ab und fertigte mit seinen geschickten Händen eine schmale Stütze, welche sich nach dem ersten groben Anhalten als viel zu groß erwies. Außerdem war es sehr schwer, den Eingriffsbereich wenigstens ungefähr zu fixieren, weil der Patient andauernd mit den vier Beinen strampelte. Endlich passte die Verstärkung nach einigem Ausprobieren und musste mit allergrößter Vorsicht an der verletzten Stelle angelegt werden. Nicola hielt das zappelnde Beinchen für einen kurzen Moment fest, während sie dabei liebevoll auf das zarte Nagetier einsprach, damit es sich wenigstens einigermaßen geborgen fühlen sollte. In dieser Zeit fixierte Kurt das obere und untere Ende mit jeweils einem ganz dünnen Streifen Klebeband, das er davor zugeschnitten hatte. Die Notoperation schien gelungen und gleich nach dem Loslassen des Hinterlaufs begann dieser schon wieder zu zappeln. Nun wurde das Mäuslein auf den Boden gesetzt und versuchte eilig zu entkommen. Rasch entleerte Kurt einen kleinen Karton und Nicola ergriff ihren Patienten, der ja noch stark humpelte und somit nicht so schnell war, wie es sonst seiner Natur entsprach; sie legte ihn sanft in die offene Schachtel und bemerkte einigermaßen gelassen: *„Unsere Maus soll die anderen Pfötchen nur bewegen, wie sie möchte. Mit dem geschienten geht das ja zurzeit nicht. In ein paar Tagen nehme ich die Stütze ab und dann hoffen wir, dass wieder alles wie früher wird."*

Frau Hübner beobachtete die ganzen Abläufe vom anderen Zimmer aus und wusste nicht, ob sie demonstrativ weinen oder vielleicht etwas fallen lassen sollte, um die Aufmerksamkeit nun endlich auf sich zu lenken, oder ob ihr Auftritt erst noch komme. Sie sah ihren Kurt, wie er mit totaler Hingabe das Wohl dieses Gartentieres im Auge behielt und sich von jener neuen Erscheinung neben ihm auch noch in seinen Handgriffen dirigieren ließ. Gut, sie studierte Medizin und kannte wohl solche Behandlungen besser, aber was fiel dem Sohn eigentlich ein, plötzlich mit jemand anderem zu kooperieren als mit seiner Mutter, die ihm doch immer die einzig richtige Richtung gewiesen hatte? Sie hasste dieses impertinente Luder, das gerade dabei war, dem armen Kurt gleichsam den Verstand abzusaugen, was jener dumme Junge offenbar noch nicht einmal merkte.

Die Maus erhielt eine kuschelige Einlage, ein schönes Stück Trockenkäse und ein Schälchen mit frischem Wasser sowie noch ein kleineres mit Milch; somit war sie fürs erste versorgt. Nicola ging nun beherzt auf Kurts Mutter zu, wobei sie ihr verspätet die Hand entgegenstrecken sowie ein paar Worte der Entschuldigung aussprechen wollte. Frau Hübner wehrte schroff ab und sagte nur: *„Waschen Sie sich zuerst einmal beide Hände, aber nicht in meinem Badezimmer, sondern draußen am Wasserhahn vor der Tür – und Du ebenso, Kurt, denn Du hast das ekelhafte Schmutzvieh doch auch angefasst!"* Nach Ausführung des „Befehls" wurde der förmliche Handschlag doch noch nachgeholt und Nicola sagte ganz frei heraus: *„Es tut mir leid, aber Ihr Gartenbewohner wäre ohne uns vollkommen hilflos gewesen. Mein Vater hätte das genauso gemacht. Er nimmt den Hippokratischen Eid[9] absolut ernst und bezieht ihn auf Tiere ganz genauso wie auf Menschen."*

Nach dieser Einführung kam es dann mit leichter Verzögerung zu der gemeinschaftlichen Kaffeerunde und Frau Hübner spürte allmählich wieder festen Boden unter den Füßen. Ihre Absicht war es, jene Person an Kurts Seite nach der alt bewährten Nadelstichtaktik zu provozieren, bis sie sich weh-

[9] Der Hippokratische Eid geht auf den griechischen Mediziner Hippokrates von Kos (etwa 460 bis 370 v. Chr.) zurück und besagt stark vereinfacht, dass ein Arzt in jedem Fall zuerst das Wohl und die Genesung eines ohne ihn hilflosen Patienten im Auge behalten muss.

ren würde, was man ihr dann als aggressives und unverschämtes Verhalten auslegen könnte, wovon auch Kurt zu überzeugen sein müsste. Die anvisierte Taktik ging allerdings nicht auf, denn dieses so heimtückische Biest reagierte auf jede Stichelei, als wäre sie eine Art Witz, und lächelte nur amüsiert; es war einfach nicht zu packen und die Zeit verstrich, ohne dass die Mutter auch nur einen einzigen Schritt weiter kam.

Die Kiste mit dem Patienten stand geschützt in einer Ecke auf der Terrasse, denn im Wohnzimmer duldete Frau Hübner so einen Gast nicht. Als die

Sonne verschwand, verabschiedete man sich und Kurt wollte seine Nicola mitsamt der kleinen Maus, die sich in ihrer Behelfsbehausung schon ganz heimisch fühlte, wieder nach Hause fahren. Frau Hübner setzte zu einem letzten verbalen Stoß an, indem sie äußerte: *„Die Straßenbahn fährt doch um diese Zeit noch alle zehn Minuten."* Kurt entgegnete ihr geschmeidig: *„Lass nur, Mutti! Mit dem verletzten Wesen wäre das etwas schwierig und vielleicht sind nicht sämtliche Fahrgäste so verständnisvoll wie Du, wenn sie so ein Mausetier sehen."* Das war doch der Gipfel: Jetzt fiel ihr der eigene Sohn in den Rücken; dem würde sie aber gehörig den Kopf waschen, wenn er anschließend zurück käme.

Nun stand sie alleine in dem großen Zimmer und hatte das Gefühl, das Schicksal sei ihr gegenüber ungerecht gewesen. War das etwa der Dank für all ihre Aufopferungen die ganzen Jahre über?

Während des kurzen Weges zur Garage sah Nicola den Blumenstrauß wieder, den sie für Kurts Mutter besorgt und beim Aufheben des verletzten Tieres auf dem Rasen im Schatten eines Strauchs abgelegt hatte. So wurde das schöne Gastgeschenk eben noch schnell nachträglich überreicht, konnte aber die Atmosphäre auch nicht mehr merklich verbessern.

Die Maus erholte sich rasch und einige Tage später konnte die Stütze entfernt werden, was Nicola mit großer Hingabe und allerbestem Einfühlungsvermögen praktizierte, indem sie beide Klebebandverbindungen mit einer zierlichen Schere sorgfältig auftrennte, wobei ihr der Vater assistierte und anerkennend sagte: „*So eine wie dich können wir in der Ärzteschaft wirklich gut gebrauchen und ich bin richtig stolz auf meine Tochter.*" Das flinke Mäuslein spürte sofort die zurück gewonnene Beweglichkeit und genoss es ganz offensichtlich, fröhlich durchs Zimmer zu huschen.

Jetzt schien es an der Zeit, ihm seine volle Freiheit wiederzugeben. Nicola überlegte, dass man es am besten genau an der Stelle laufen lassen sollte, wo sie es aufgenommen habe, also vor Frau Hübners Garageneinfahrt, denn dort hatte das Tier vielleicht zahlreiche Anknüpfungspunkte, mit deren Hilfe es sein Mauseleben fortsetzen könne. So kam es alsbald zu einem erneuten Besuch bei jener Dame, für deren Sympathie es bislang durchaus ein gehöriges Verbesserungspotential gab, denn erworben war diese noch lange nicht.

Als Nicola mit Kurt wieder in den Einflussbereich der „Löwin" trat, mied Frau Hübner jeden Kontakt und betrachtete die Angelegenheit lediglich durch ihre stets sauberen Gardinen. Diese Person trug heute ein grasgrünes Kleid und wirkte ansonsten in ihrem Stil unverändert; die lief also offenbar immer so herum und das war am vergangenen Sonntag noch nicht einmal eine Verkleidung gewesen! Nicola nahm den mittlerweile vollkommen genesenen Patienten noch einmal zärtlich in ihre rechte Hand und setzte ihn anschließend in den gepflegten Rasen. Das kleine Wesen machte nur wenige Schritte, blieb dann jedoch stehen und lief schnell wieder zurück. Was die Maus begehrte, schien unverkennbar: Sie suchte die Geborgenheit von Nicolas Hand und fand überhaupt keinen Gefallen an dem für ihre Verhältnisse kaum zu überschauenden Garten mit all den Schlupfwinkeln, die sich erkunden ließen. Nach zwei weiteren Versuchen war die Situation klar: Die Maus hatte entschieden, wohin sie wollte, und Nicola nahm sie wieder mit in ihr Zimmer. Der Karton wurde durch ein Terrarium mit großzügigen Bewegungs- wie Spielmöglichkeiten ersetzt und der stolze Bewohner lieferte bei jedem Telefonat zwischen Kurt und Nicola, das Frau Hübner stets ganz gespannt belauschte, reichlich Gesprächsstoff.

Ihr Verhältnis zu der *„Person"* oder *„diesem jungen Ding"*, wie die Mutter Kurts Freundin beinahe ausschließlich bissig nannte, glättete sich sehr, sehr langsam. Sie mochte Veränderungen nun einmal nicht akzeptieren, wollte sich in keiner Weise umstellen und befürchtete immer, irgendjemand trachte bloß danach, ihr etwas abspenstig zu machen, das ihr ganz alleine *gehöre* und zustehe. Vielleicht war auch jene Haltung unter bestimmten Aspekten natürlich und die Frau konnte aus ihrer Haut einfach nicht heraus. Die positive und freudige Einstellung, welche manche Mütter aufbauen, wenn sie gleichsam ohne eigene Anstrengung ein weiteres Kind in ihre Familie bekommen, schlummerte bei Frau Hübner nicht einmal ansatzweise.

Sie wollte auf jeden Fall hart dagegen ankämpfen, dass sich in ihrem Einflussbereich der Inhalt jenes alten Sprichworts bewahrheiten könnte, in dem es fast frohlockend heißt:
> *„Ein Besuch bei Mama*
> *ist der erste Schritt zum Altar."*

Meier und Maier – „wollen wir tauschen?"

In der Klasse 8c des Goethegymnasiums gab es zwei Freunde, die bereits seit dreieinhalb Jahren nebeneinander saßen, obwohl sie eigentlich absolut verschieden waren. Hier stellte sich tatsächlich die Frage, welches Sprichwort wohl mehr Wahrheitsgehalt beinhaltet – *„Gleich und Gleich gesellt sich gern"* oder vielleicht doch eher *„Gegensätze ziehen sich an"*. In diesem Fall konnte man zu dem Schluss gelangen, dass wohl die zweite Variante die richtige sein muss: Roland Meier galt von Anfang an als zielstrebig und versuchte, den Anforderungen der höheren Schule so gut wie möglich gerecht zu werden, was sich auch in sämtlichen Ergebnissen eindeutig widerspiegelte. Sein Freund Peter Maier vertrat hingegen meistens die Ansicht, dass alles *„nicht so ernst zu nehmen"* sei und der Sinn der Schule in erster Linie darin liege, dass jeden Tag etwas Lustiges passieren müsse, an das man sich dann später mit innerem Vergnügen erinnern könne. Er war es auch gewesen, der bereits in der ersten Gymnasialwoche die Idee gehabt hatte, sich neben Roland zu setzen, damit die Lehrer bei zwei so vollkommen gleich auszusprechenden Nachnamen leichter durcheinander kommen sollten, was anfangs auch oft genug geschehen war. Schließlich entwickelte sich zwischen den beiden eine richtige Freundschaft, von der nicht nur Peter profitierte, wenn er wieder einmal irgendeine dumme Hausaufgabe aufgrund seiner *„so vielen Verpflichtungen daheim"* leider beim allerbesten Willen nicht habe anfertigen können und diese dann eben während der Unterrichtsstunde vor dem betreffenden Fach ganz und gar unauffällig hinter dem breiten Rücken des Vordermannes von seinem Nachbarn übernahm, wobei dieser dezent wegblickte, denn er wollte schließlich dem Betrug keinen Vorschub geleistet haben. Einmal wurde Peter von der Musiklehrerin für diese Vorgehensweise sogar vor der gesamten Klasse gelobt, weil er offenbar alles genau und hoch konzentriert mitschreibe, was sie sage; diese fleißige Arbeitsweise sollten sich die anderen ebenfalls aneignen, da sie später an der Universität unerlässlich sei. An jenem Tag war der lustige Vorfall, der wieder ein kleines Mosaikstück in der Sammlung von angenehmen Erinnerungen bilden sollte, damit bereits passiert.

So wälzte sich das lange Schuljahr von Ferien zu Ferien schleppend dahin, bis endlich die Außentemperaturen stiegen und manchmal, jedoch bei weitem zu selten, sogar hitzefrei gegeben wurde, was den Lehrern nicht minder angenehm war als ihren jüngeren Leidensgefährten. Kurz vor Schuljahresende wurden die berühmten „blauen Briefe" an die Eltern derer verschickt, bei denen die Versetzung gleichsam *„auf Messers Schneide"* stand und ausschließlich von den letzten drei Schulaufgaben abhing, die in den entscheidenden Vorrückungsfächern noch ausstanden. Diese in streng amtlichem Ton gehaltenen Schreiben wurden nicht mehr in den von früher bekannten blauen Briefumschlägen verschickt, aber die billig wirkende graue Farbe, die auf ein kostengünstiges Recyclingpapier hindeutete, wirkte kein bisschen ansprechender, wenn der Adressat den Inhalt erahnte. Bei Peter war diese Mitteilung bislang schön regelmäßig Mitte Mai ins Haus geflattert und von ihm stets als hoch willkommener Vorbote der längst ersehnten Sommerferien begrüßt worden. Dann begann der alljährliche Endspurt, bei dem in jedem Fach, für das noch der Hauch einer Chance existierte, ein

Privatlehrer engagiert wurde und die Eltern in den Lehrersprechstunden inständig darum baten, dass ihr Sohn noch ein Referat halten dürfe, da er doch das Fach so liebe und förmlich darauf brenne, sein umfangreiches Wissen nun endlich einmal anbringen zu können, nachdem er leider in den Arbeiten zuvor so oft viel Pech gehabt habe. Wurde diese – meist allerletzte – Chance genehmigt, kam es zur sofortigen Auftragserteilung an den für das Fach zuständigen Nachhilfelehrer, der dann alles perfekt ausarbeitete und mit Peter unter Einsatz moderner Videoaufzeichnung in langen Sitzungen einübte – wie die Rede eines Politikers zu einem Problem, von dem dieser zwar keine Ahnung hat, mit dem er jedoch im Hinblick auf die nächsten Wahlen unbedingt glänzen und nach Möglichkeit auch punkten möchte. Bislang hatte Peter, der – mit oder ohne Abitur – später ohnehin den lukrativen Gebrauchtwagenhandel seines Vaters übernehmen würde, immer noch mit Hängen und Würgen sowie überaus großzügigen Elternspenden das Schuljahr geschafft. Die eine Fünf, die man sich ja leisten konnte, war stets nur um Haaresbreite von der Gesellschaft weiterer handvoller Noten verschont geblieben, die jeweils an äußerst dünnen seidenen Fädchen in ihren Viererzonen gehalten wurden. So lief es auch gegen Ende der achten Klasse und es galt mittlerweile als ein ungeschriebenes Gesetz, dass Lehrer, die für die Versetzung von Peter nur in entferntester Weise verantwortlich waren, bei der Firma Auto-Maier ihre "Upgrades[10]" erhielten, mit denen sie bestens erhaltene Fahrzeuge der gehobenen Mittelklasse zu den Preisen von stark abgenutzten Kleinwagen erwerben konnten – alles natürlich einmalige Sonderangebote nach dem alten

[10] Höherstufungen

Geschäftsprinzip „wer *zuerst kommt, mahlt zuerst*".
Durch „reinen Zufall" erwiesen sich jene ersten Interessenten dann auch immer als die „richtigen",
weil ihnen einfach niemand zuvorkam. Peter selbst
war auf diesen Geschäftsmodus, der sich im Laufe
der Zeit als eine „coole" Zwecktaktik herausgebil-
det hatte, keinesfalls stolz und hätte sich auch gerne einmal in dem Licht guter Noten gesonnt, welche für seinen Freund Roland – von ganz wenigen
Ausrutschern abgesehen – eigentlich fast ständig
hereinströmten, aber der meist auf Spaß gepolte
Junge konnte schwer Lernmotivation aufbauen, da
seine berufliche Zukunft im Grunde vorgezeichnet
war und die Eltern lediglich gerne „*auf vornehmer
Welle*" reiten wollten, um unter keinen Umständen
in den Ruf neureichen Geldadels zu rutschen.
Für den durchaus ins Kalkül zu ziehenden Notfall,
dass Peter trotz aller „*diplomatischen Mittel*" ohne
Abschluss vor seinem Abitur die Schule verlassen
müsse, hatte sich Herr Maier bereits vorsorglich in-
formiert: Man konnte durch geschickte Auslegung
der Fakten die Situation so darstellen, dass jener
hoffnungsvolle Sohn aufgrund seiner überdurchschnittlich hohen Intelligenz an deutschen Schulen
ständig unterfordert sei und ihm deshalb die Moti-
vation fehle, sich an diesem Unterricht zu beteili-
gen, der einfach himmelhoch unter seinem Niveau
liege. Nur auf einer ausgewählten englischen Inter-
natsschule, die natürlich auch ihren gerechtfertig-
ten Preis haben würde, könne auf die vielschichti-
gen Begabungen in geeigneter Weise eingegangen werden, so dass sich die entsprechenden Ini-
tiativen des jungen Menschen allmählich heranbilden würden, was unter diesem deutschen Schul-
system nun einmal nicht ausführbar sei. So wartet
praktischerweise auf all diejenigen, die in Deutsch-

land die Schule nicht wie zuerst erhofft schaffen, noch das Internationale Abitur, genannt IB[11], oder

[11] IB heißt "**I**nternational **B**accalaureate" und zeigt eine Abiturvariante, bei der sich die Anforderungen durch individuelle Wahl des jeweiligen Schwierigkeitsgrades ["*basic level*" (Grundlagen), "*standard level*" (Mittelmaß), "*higher level*" (höheres Niveau)] sowie Belegen oder Abwählen einzelner Fächer stark variieren lassen. Die Hauptaspekte, welche diese Alternative für deutsche Schüler attraktiv machen, sind meist:

- Der "*basic level*" rangiert oft bloß zwischen deutschem Haupt- und Realschulniveau und erfordert somit relativ wenig Lerneinsatz.
- Wer als Deutscher das Fach „Deutsch" nach "*higher level*" belegt, hat ein überaus leichtes Spiel, da er mit Kollegen konkurriert, die dieses Fach als Fremdsprache durchziehen.
- Es ist sogar möglich, sich auf ein Kernfach wie Mathematik gar nicht vorzubereiten, solange die durch andere Fächer erzielte Gesamtpunktezahl noch zum Bestehen reicht.
- Die zahlreichen daheim anzufertigenden und für die Endnote mitzählenden "*Essays*" lassen sich fast vollständig mit Fremdhilfe realisieren, ohne dass dies groß überprüft wird.

Eine weitgehend gerechte Prüfungs*bewertung* wird dadurch erreicht, dass sämtliche Arbeiten zentral in Genf korrigiert werden, um möglichst auszuschließen, dass die Korrektoren einen Schüler kennen.

Es gibt stets bis zu drei Versuche pro Fach, wodurch trotz Bestehens noch einige weitere Verbesserungschancen offen bleiben.

Ein Studium in Deutschland ist erst nach Anerkennung dieses Abiturs durch das Kultusministerium des jeweiligen Bundeslandes möglich, wo überprüft wird, ob die Fächerwahl mit den landesinternen Anforderungen vergleichbar ist. Bei einer der „Mindestvarianten" wird im Hinblick auf die Gerechtigkeit gegenüber Mitbewerbern keine Studiengenehmigung erteilt.

als Alternative auf ähnlichem Niveau das englische Abitur nach "A-level[12]", die zwar in Insiderkreisen beide zumeist als „Abitur hc[13]" bezeichnet werden, sich in den dort möglichen bequemen Schmalspurvarianten auch für kein Studium an einer inländischen Universität eignen, aber allemal das Image erfüllen, so dass man als Eltern dann noch getrost sagen kann: „Natürlich hat auch unser Sohn sein Abitur geschafft." Irgendein akademischer Hungerleider mit Universitätsabschluss sollte Peter ohnehin nicht werden, sondern natürlich ein erfolgreicher Kaufmann – vielleicht später sogar mit länderübergreifenden Geschäftskontakten, so dass sich das internationale oder englische Abitur keineswegs als Notlösung, sondern vielmehr als genau überdachter Schritt in die beabsichtigte Entwicklungsrichtung verkaufen ließe. Die für den Fall der

[12] A-level ist die Abkürzung für "General Certificate of Education Advanced Level" (allgemeine Urkunde zur Ausbildung auf einem höherem Niveau) und existiert als Abitur in England, Wales und Nordirland sowie in Schottland als "Advanced Higher Grade" (qualifizierter höherer Abschluss).
Die damit erreichte Qualifikation ähnelt der des IB.

[13] hc bedeutet auf lateinisch „honoris causa" (ehrenhalber) und ist der Zusatz eines Doktortitels, den eine Universität jemandem verleihen kann, der dafür zwar keinerlei wissenschaftliche Leistungen erbracht haben muss, sich jedoch durch bedeutende Verdienste, beispielsweise in Wirtschaft oder Politik, die entsprechende Anerkennung erworben hat, so dass er für den Titel trotzdem als würdig befunden wird.
Im Zusammenhang mit einem internationalen oder englischen Abitur wird die Bezeichnung „hc" in Anbetracht der meist sehr hohen Internatsgebühren gerne scherzhaft gebraucht und bedeutet dann auf Wortspielbasis „honoraris causa" (durch Geld erkauft).

Fälle vorbereitete väterliche Argumentation gestaltete sich im Grunde ganz ähnlich wie bei der Veräußerung eines weit heruntergewirtschafteten Gebrauchtwagens, dessen auffällige Verschleißmerkmale dann eben zur *wertvollen Patina* beschönigt werden müssen, die einen Beweis für den „originalen Erhaltungszustand" darstelle und sich dadurch sogar vielleicht noch als besonderer Pluspunkt anpreisen lässt.

Bei Roland war die Situation vollkommen anders: Seine Eltern hatten stets zielstrebig an ihrem Weiterkommen gearbeitet und die Zahnarztpraxis dank fachlichen Geschicks sowie durchaus gerechtfertigter überzeugter Werbung durch die meisten dort behandelten Patienten zu einer wahren Goldgrube entwickelt, für deren Fortführung in der nächsten Generation ein entsprechendes Universitätsstudium und dafür zunächst einmal ein guter Schulabschluss auf Gymnasialniveau erforderlich sein würde. Wenn Roland tatsächlich einmal in einem der Schulfächer nicht ganz zurechtkam, wussten seine Eltern meist sofort Bescheid oder konnten ihm zumindest gleich treffsicher verraten, wo nachzusehen sei, um die kleine Wissenslücke zu schließen.

Der lang ersehnte letzte Schultag war gekommen und die Zeugnisverteilung erfolgte. Die Spannung hielt sich in engen Grenzen, da beinahe alle Lehrer bereits in den Wochen davor jeden Schüler über seinen Leistungsstand aufgeklärt hatten und auch der gefürchtete zweite Schub an hässlich grauen Amtsbriefen bereits verschickt war, in denen dann stand, dass es mit der Versetzung diesmal leider nicht funktioniert habe und entweder eine Nachprüfung kurz vor Beginn des nächsten Schuljahres, die Wiederholung der Klasse oder ein Schulwechsel empfohlen werde. Von solcher Hiobsbotschaft war Familie Maier auch diesmal aufgrund aller gemeinsamen Anstrengungen in buchstäblich letzter Minute verschont geblieben und so wartete Peter mehr oder weniger gelangweilt auf sein Zeugnis, das neben der sicheren Fünf mit ellenlangem, jedoch nicht sichtbarem, Minuszeichen in Latein fast ausschließlich aus Vieren bestand, deren zu denkende Striche dahinter kaum kürzer waren. Eine rühmliche Ausnahme bildete lediglich die Zwei im Fach Sport.

Roland fühlte schon einiges mehr an Spannung: Obwohl die Versetzung bei einem Schüler seiner Größenordnung natürlich außer jeder Frage stand, gab es doch in einigen Fächern immer noch Unsicherheit darüber, ob die Eins erreicht worden war oder vorerst ein Ziel für das kommende Schuljahr bleiben würde. Weil sein unermüdliches Engagement nach Ansicht der verantwortlichen Lehrer alleine schon eine Belohnung verdiente, hatten diese fast durchwegs die bessere Note gegeben und auch die Bemerkung war in einer Weise formuliert, dass man direkt herauslesen konnte, wie sich der Klassenleiter zusammen mit dem fleißigen Schüler über dessen Erfolg freute.

Peter hatte das „Käseblättchen" nur kurz überflogen und dabei seinen Lieblingsspruch losgelassen, der auf die meisten Lehrer regelrecht aufreizend wirkte: *„Hauptsache ist, wir sind gesund!"* Er warf dann doch recht begehrliche Blicke auf das Zeugnis seines Nachbarn, was diesem nicht verborgen blieb. Ganz spontan und mehr als Witz fragte Roland schließlich: *„Möchtest du denn, dass wir diesmal tauschen?"* Peter antwortete ebenso impulsiv:

„*Na klar doch, das machen wir! Das gibt die Schau des Jahres!*" So kam es noch rasch zu einem Austausch der beiden DIN A4 Blätter und alle verließen in bester Vorfreude auf die langen Ferien fröhlich das Klassenzimmer.

Die Nachnamen, die auf den Zeugnissen standen, lasen sich äußerst ähnlich; die Geburtsjahre waren gleich, was bei zwei Schülern derselben Klasse ja im Grunde nichts Außergewöhnliches ist. Als günstig erwiesen sich die Geburtstage: Roland war am 18. März und Peter am 13. August auf die Welt gekommen; obwohl diese Daten kaum Gemeinsamkeiten aufweisen, wenn man sie nur hört, wirken sie doch beim schnellen Lesen fast zum Verwechseln: „18.03." und „13.08." verlangt wirklich nach einem etwas genaueren Hinschauen.

Am Abend, als Rolands Eltern völlig abgespannt von dem langen und verantwortungsvollen Arbeitstag aus der Arztpraxis nach Hause kamen, gingen sie freudig auf ihren einzigen Sohn zu und sagten aufmunternd: *„Du hast doch heute sicher wieder etwas Schönes erhalten, worin dein bewundernswerter Fleiß während des gesamten Schuljahres bestätigt wird; dürfen wir es einmal anschauen, damit der schwere Tag wenigstens noch mit einem Lichtblick ausklingt?"* Roland druckste ein bisschen und sagte dann ziemlich kleinlaut: *„So gut ist das diesmal leider gar nicht; ich komme zwar noch in die neunte Klasse, aber ich war das Jahr über halt doch ein wenig faul. Mein Klassenleiter meint, das liege an der Pubertät und werde sich bis zum Abitur hoffentlich wieder einrenken."* Vater entgegnete nur: *„Na, so arg wird es schon nicht sein. Du hast dich genau wie uns eben in den vergangenen Jahren reichlich verwöhnt und damit gewiss ein ausreichendes Polster aufgebaut, so dass du getrost einmal auch zwei oder sogar drei Gänge zurückschalten kannst."* Damit nahm er das bedruckte Papier in die Hand und begann zu lesen, wobei er im selben Moment verstummte. Man sah dem gestressten Zahnarzt die enttäuschte Verwunderung förmlich an und er hätte einem unbeteiligten Beobachter direkt leidtun können. Daneben stand Roland mit langem Gesicht und schuldbewusster Miene. *„Das übertrifft wohl selbst die allerschlimmsten Befürchtungen"* war der spontane väterliche Kommentar, der auch die Mutter hinzuzog, welche fassungslos ihren Jungen ansah und liebevoll fragte: *„Warum hast du uns denn kein Wort davon erzählt, dass dir dieses Schuljahr so schwer gefallen ist? Wir hätten dir doch Hilfe organisieren können, was heutzutage nun wirklich überhaupt keine Schande bedeutet und wohl von den meisten in Anspruch genommen wird."* Roland atmete tief ein, um das Lachen, das sich durch den Hals bohren wollte, ein letztes Mal zu unterdrücken, und erwiderte dann traurig: *„Ich wollte euch nicht vorzeitig beunruhigen und dachte halt immer, ich würde alles noch einigermaßen hinbekommen.“* Schließlich sprach der Vater gleichsam das Schlusswort: *„Hinbekommen hast du ja das Jahr tatsächlich noch und Mutti wie mir ist es auch bestimmt nicht entgangen, dass du während des Schuljahres immer dein Bestes gegeben hast. Diese komischen Zeilen in der Bemerkung sind eine ausgesprochene Unverschämtheit, denn es stimmt einfach nicht, dass du das Lernen verweigerst und stinkend faul bist. Jetzt erreiche ich deinen Klassenlehrer nicht mehr, aber sogleich nach Schulbeginn werde ich mir diesen Pädagogen einmal gründlich zur Brust nehmen, denn an mangelndem Fleiß, wie der schreibt, liegt es bei dir nun eindeutig nicht. Deswegen sollst du auch die schöne Reise genießen, die wir für dich als Belohnung gebucht haben; sie wird dann lediglich zum Trost umfunktioniert, aber verdient hast du sie allemal! Hin und wieder gelingt eben etwas auch trotz größter Anstrengungen nicht auf Anhieb; da heißt es dann nur noch: ‚Dranbleiben‘.“* Damit klang der Abend aus und Roland war heilfroh, denn er hätte wirklich keine Minute länger mehr durchgehalten, ohne in brüllendes Gelächter auszubrechen.

Ganz anders verlief die Überraschung bei den Maiers: Peters Vater wusste natürlich auch, dass es Schlusszeugnisse gegeben hatte, und wollte gerne noch einmal schwarz auf weiß erblicken, dass die zahlreichen Spenden an die Schule, welche sich ja zum Glück in vollem Umfang als wissenschaftliche Förderung[14] steuerlich absetzen lassen, ihre Wir-

---

[14] in der Rubrik
„zur Förderung steuerbegünstigter Zwecke“

kung nicht verfehlt hatten. Zudem musste die intensive private Unterstützung kurz vor dem Ende des Schuljahrs offensichtlich auch ihre Früchte getragen haben, denn jener befürchtete zweite Brief war schließlich nicht im Kasten gelandet. Nach kurzem Überfliegen der Bemerkung und der darunter stehenden Noten verschlug es dem sonst gewiss nicht auf den Mund gefallenen Geschäftsmann den Atem. Er flüsterte stolz: *„Peter, das ist ja umwerfend. Ich gratuliere! Was hast du bloß vor, dass du dermaßen aus der Art schlägst? Nur unseren Namen hat dieser Schulmeister falsch geschrieben; der sollte sich an deiner Sorgfalt wirklich einmal ein Beispiel nehmen.“* Dann reichte er das atemberaubende Dokument über die Leistungen des Sohnes seiner Frau, die kopfschüttelnd äußerte: *„Ich habe es immer gewusst, dass in unserem integenten*[15] *Peter viel mehr steckt, als diese Pauker bisher erkannt haben; jetzt ist denen endlich ein Licht aufgegangen.“* Der Betroffene stand fast teilnahmslos daneben und tat, als wäre alles lediglich die logische Folge seines zuvor erbrachten Fleißes. Nun legte die Mutter noch einmal nach: *„Dieser Privatlehrer von der Unität*[16]*, den ich ausgesucht habe, hat sich offenbar genau in unseren Jungen hinein versetzen können und ist auf seine so besondere Pschihä*[17] *perfekt eingegangen; diese anderen Typen, die sich vorher an ihm versucht haben, taugten alle nichts.“* Der Erfolg kennt bekanntlich viele Väter – und Mütter. Frau Maier fühlte sich auf jeden Fall vollkommen sicher, dass das hervorragen-

[15] *„intelligent“*

[16] *„Universität“*

[17] *„Psyche“*

de Zeugnis des Sohnes doch in erster Linie ihrer organisatorischen Initiative zu verdanken war. Vielleicht hatten viele der früheren Lehrer auch einfach bloß Neidgefühle gegenüber ihrem Jungen entwickelt, weil sie mit allenfalls durchschnittlicher Begabung ihr Dasein als einfache „Steißtrommler[18]" fristen müssen.

So klang auch bei dieser Familie der Tag aus und Peter hatte sein Lachen während der ganzen Diskussion erfolgreich zurückgehalten.

Licht kam am nächsten Morgen in die Angelegenheit, als Herr Meier vor dem Aufbruch in die Praxis noch einmal das unsägliche Blatt überflog und sich dabei wunderte, dass statt des Vornamens seines Sohnes der des über siebenhundert Kilometer entfernt wohnenden Vetters seiner Frau eingetragen war; die falsche Schreibweise des Familiennamens überraschte ihn hingegen weniger, weil so etwas schließlich öfter einmal vorkam. Behutsam weckte er den Spross und fragte verwundert, seit wann er denn „Peter" heiße. Nun war der Moment gekommen, wo es galt, dem Spaß ein Ende zu bereiten, was vor allem auch daran lag, dass Roland wegen des unerwarteten Weckvorgangs durch seinen Vater am ersten Ferientag noch nicht ganz so konzentriert war wie am Vorabend. Als Frau Meier im nächsten Moment von der Geschichte hörte, konnte man ihr Lachen bis auf die andere Straßenseite vernehmen. Ein Anruf bei Familie Maier klärte den Sachverhalt auch dort auf und das Gespräch endete mit einer Einladung zu dem großen Gartenfest, das der Gebrauchtwagenhändler alljährlich im August für seine guten Kunden sowie den Jahr für Jahr ein wenig größer werdenden Freundeskreis

---

[18] *Steißtrommler* ist ein vulgärer Ausdruck für „Lehrer".

veranstaltete und das nach den Geschäftsbüchern nichts anderes als ein wichtiges Arbeitsessen bedeutete.

Die Zusammenkunft wurde sehr lustig und die Geschichte mit den vertauschten Zeugnissen musste immer wieder in allen Nuancierungen erzählt werden. Vergessen waren die früher manchmal etwas verächtlichen gegenseitigen Titulierungen, bei denen der Zahnarzt über seinen „Beinahe-Namensvetter" immer als einen *„modernen Rosstäuschler"* gesprochen hatte, während er von diesem, ohne es jemals direkt gehört zu haben, als der *„Fotzenspengler"* bezeichnet wurde. Ein einziger dunkler Punkt für den Autohändler bestand darin, dass jener Zahnarzt partout nicht von den Vorzügen der gerade so ganz besonders günstig im Angebot stehenden Oberklassenlimousine zu überzeugen war und als *„akademischer Sturschädel"* unbedingt bei seinem leider erst ein gutes Jahr alten Fahrzeug bleiben wollte, das er gerade fuhr. Da sich allerdings drei andere gewinnversprechende Geschäfte akquirieren ließen, wurde die Gartenparty schließlich auch ein geschäftlicher Erfolg und die Kosten für den professionellen Service durch den besten Feinkostladen am Ort würden eine Woche später wieder eingespielt sein, womit sogar deren steuerliche Absetzung als Werbungskosten für die Firma diesmal tatsächlich hieb- und stichfest war.

In besseren Kreisen

Herr Dr. Birkner arbeitete nun schon fast fünfzehn Jahre bei Schlüter-Software, einer Firma, die gerade an der Schwelle von einem mittelständischen Familienbetrieb zu einem international agierenden Unternehmen stand. Den großen Aufschwung hatte der ehrgeizige Entwicklungsingenieur hautnah miterlebt und man kann durchaus sagen, dass ein beträchtlicher Teil davon seinem beständigen Engagement zuzuschreiben war. Frisch von der Universität bedeutete die Firma Schlüter nach diversen Praktika sowie seiner Zeit am wissenschaftlichen Institut mit der begehrten Promotion als Krönung den ersten festen Arbeitsplatz und er hatte sich von Anfang an tief in die Problematik hineingekniet und bei keinem Projekt Ruhe gegeben, bevor alles mit vollkommener Perfektion funktionierte, sämtliche Tests genau so ausfielen, wie sie es sollten, sowie jeder auch noch so unwahrscheinliche Sonderfall durch seine Software flaumweich abgefangen wurde. Ein großer Teil der von ihm entwickelten Programme bestand aus Kommentaren, so dass es einem in der Materie noch fremden Kollegen nicht allzu schwer fiel, sich in die Problematik hineinzufinden und die für ihn angedachten Details zur Vollendung zu bringen. Als Birkners Erfahrungen wuchsen, vertraute ihm die Firmenleitung eine Gruppe gleichalteriger oder ein wenig jüngerer Kollegen an, welche er stets mitreißen konnte und die alsbald fast so arbeiteten, als ob der Chef selbst am Werk säße; dadurch hatte er seine Arbeitskraft still und leise gleichsam „verdreizehnfacht", pflegte durchaus ein gutes Betriebsklima und wurde überall geachtet. Wenn ein Kundentermin vor der Tür stand und es zeitlich richtig eng wurde, legte Birkner ohne Wenn und Aber selbst Hand an und arbeitete falls notwendig sogar bis tief in die Nacht; er schaffte die Fertigstellung immer und konnte die im Team entwickelte Software dann auch vor den teilweise äußerst kritischen Kunden so gut präsentieren, dass sich am Schluss jeder mit dem Gefühl verabschiedete, die beste und perfekteste Lösung entwickelt zu bekommen, die technisch überhaupt denkbar ist, womit fast immer auch der Nagel auf den Kopf getroffen war. Die Werbung der Schlüter GmbH bestand zum größten Teil in der Mund-zu-Mund-Propaganda und so spülte ein zur Zufriedenheit ausgeführter Auftrag meist eine Folge weiterer Nachfragen herbei, die dann sofort oder ein wenig später zu anderen Aufträgen führten. Der richtige Durchbruch gelang mit den vielfältigen Entwicklungen für das autonome Auto. Wie immer bei bahnbrechenden Innovationen, „kocht" zunächst jede größere Firma „ihr eigenes Süppchen", was vom Prinzip her überhaupt nicht schlecht ist, denn auf diese Weise ergänzen sich die Erfahrungen vieler und noch vorhandene Schwachstellen sind schnell zu erkennen – ebenso zunächst ausgedachte Wege, die sich dann aber als Irrwege herausstellen. Das Fernziel des Unternehmens war es, eine hieb- und stichfeste Software zu entwickeln, die das gesamte Problem abdecken und universell einsetzbar, also keinem einzelnen Fabrikat mehr zugeordnet sein sollte. Für so ein Großprojekt musste der Betrieb expandieren, was angesichts der mittlerweile erwirtschafteten Eigenkapitalmenge kein kaufmännisches Problem darstellte. So wurde Dr. Birkner eines Tages zu dem alten Herrn Schlüter gebeten und ohne viel Umschweife gefragt, ob er sich vorstellen könne, in Zukunft im Management des Unternehmens zu arbeiten und den Vorstand zu verstärken. Die äußeren Bedingungen dürften bestimmt zu seiner Zufriedenheit ausfallen und im Moment könne man sich niemand anderen vorstellen, der Fachkompetenz, Führungsqualität und zudem echten wirtschaftlichen Weitblick in ähnlicher Weise vereine. Birkner bat um einen Tag Bedenkzeit und stimmte dann zu. Er hatte sich nie irgendwo aufgedrängt oder gar versucht, am Stuhl eines anderen zu „sägen", sondern seine Devise war es immer gewesen, die ihm anvertrauten Aufgaben so gut wie möglich zu erledigen und hierbei auch eigene Initiative mit einfließen zu lassen, was bisweilen eine gewisse Überzeugungsarbeit in die unterschiedlichsten Richtungen gekostet hatte, bei der aber dann letztlich die fachlich fundierten Argumente stets den Ausschlag gaben.

Unvermeidlich waren mit dem neuen Verantwortungsbereich auch manche gesellschaftlichen Verpflichtungen verbunden, die sich auf Großkundenebene als nicht so einfach delegierbar zeigten. Die erste „harte Nuss" schlug bereits nach zwei Wochen auf Dr. Birkner ein, als ihm Herr Schlüter, neben dessen Büro er nun arbeitete, offenbarte, dass er sich doch bitte für das kommende Wochenende gar nichts Privates vornehmen solle, da an diesem Termin eine gesellige Treibjagd in dem Forstrevier geplant sei, das ein Cousin seit langem gepachtet habe. Zum Abschuss komme ein prachtvoller Vierzehnender, der ihm als neuem Vorstandsmitglied zugedacht sei und seinen Namen damit ohne großes Aufsehen in den Kreisen der mit anwesenden Herren bekannt machen werde. Das Geweih würde als Trophäe fachmännisch präpariert und eine geeignete Aufhängevorrichtung über seinem neuen Schreibtisch sei ja bereits vorhanden, so dass er sich gleichsam schon jetzt ein würdiges Denkmal schaffe, welches ihn während seines hoffentlich noch recht langen Wirkens im Hause Schlüter stets begleiten werde. Herr Birkner wendete ein, dass er auf diesem Gebiet ein vollkommener Laie sei und auch überhaupt keinen Jagdschein besitze. Er bekam zur Antwort, dass dies gewiss kein Problem darstelle und der Revierförster immer gerne ein Auge zudrücke, wenn er dafür eine Flasche Hochprozentiges bekäme, was bereits organisiert sei, worum sich Birkner also überhaupt nicht kümmern müsse. Außerdem sei es ziemlich unwahrscheinlich, dass jemand ausgerechnet dann kontrollieren werde, wenn sich die Schlütergruppe im Revier aufhalte. Sollte irgendein übereifriger Forstgehilfe das doch tun, komme es allenfalls zu einer relativ geringen Ordnungsstrafe und deren Begleichung werde dann unter „Sonstiges" ganz kulant als Geschäftsunkosten verbucht. Den Jagdschein könne der Informatik-Ingenieur nebenbei machen und bei passender Gelegenheit nachreichen. Für den Umgang mit dem Gewehr sei schon ein Kompaktkurs gebucht und dort werde er die paar Handgriffe sicher spielend erlernen.

Das kam alles so plötzlich und Birkner fühlte sich regelrecht überrumpelt. Er nahm die augenscheinlichen Unabwendbarkeiten mit einem dumpfen Gefühl im Bauch hin und kaufte sich die für den Anlass vorgeschriebene dunkelgrüne Waidmannskleidung, was bei seinem Gehalt, das er mittlerweile bezog, das Monatsbudget etwa so belastete wie für Durchschnittsverdiener der Erwerb einer neuen Mütze. Vor dem wie eine Betonsäule im Raum stehenden Event erhielt Birkner noch genaue Instruktionen: Die Jagdtreiber würden die Tiere so in die

Schusslinie bugsieren, dass „sein Ziel" als erstes auftauchen werde und er nur noch anvisieren und abdrücken müsse. Abends wolle man dann in fröhlicher Runde seinen Prachtschuss feiern und somit komme er mit allen Anwesenden in Kontakt, was für die bevorstehenden Geschäfte von unschätzbarem Nutzen sei. Birkners Vorbereitungen liefen ab wie eine ganz exakt programmierte und von der übergeordneten Stelle mit genau den richtigen Parametern aufgerufene Subroutine[19]. Bei derart guten Karrierechancen muss man schon einmal über seinen eigenen Schatten hinausspringen.

Der Schießkurs im Schnellverfahren wurde absolviert und Birkner lernte dort zunächst die Handhabung des Gewehrs. Er hatte so ein Ding noch nie in der Hand gehabt, denn als überzeugter Wehrdienstverweigerer war er mit derartigen Mordinstrumenten bisher kein einziges Mal in Berührung gekommen. Dann wurde auf Scheiben geschossen und der „Schüler" gab sein Bestes, wobei er tatsächlich ein gewisses Talent zeigte. „Ausbaufähig" meinte der Trainer, der aber vielleicht auch nur die aufgesetzte Freundlichkeit von einem gut bezahlten Dienstleister heraushängen ließ.

Das Wochenende brach an und Dr. Birkner funktionierte, wie es ihm vom Firmeninhaber vorgegeben wurde: In einer Dreimanngruppe bestieg man den Hochstand und neben ihm saß ein erfahrener

---

[19] Als *Subroutine* bezeichnet die Informatik ein Unterprogramm, das meist sehr oft von dem übergeordneten Softwaremodul aufgerufen wird. Durch diese Art von Schachtelungstechnik wird ein sich wiederholender Programmcode und damit viel Speicherplatz eingespart sowie eine sehr gute Codeübersicht erreicht.

Jäger, der über Funk mit dem Treiberteam in Kontakt stand. Das Jagdhorn war unüberhörbar zu vernehmen; auf ein Zeichen entsicherte Birkner das ihm anvertraute Gewehr und zielte genau auf die zuvor ausgemachte Stelle, womit er sich von beiden Nachbarn ein wohlwollendes Nicken einhandelte. Als der so prächtige Hirsch hervortrat, gab der Beistand ein lautloses Zeichen, dass es nun so weit sei, und Birkner prüfte blitzschnell den Himmel, ob dieser auch bestimmt frei von Vögeln war; dann zog er das Gewehr um knappe fünfzig Grad nach oben und schoss im selben Augenblick – im wahrsten Sinne des Wortes ein „Loch in die Luft"...

Durch den Knall war der Hirsch ausreichend gewarnt und bereits Sekunden später im Unterholz des Waldes verschwunden, wohin ihm die weiteren Tiere – vielleicht geleitet von ihrem Herdentrieb – eilends folgten. Die anderen Herren schauten irritiert und fragten, ob das ein Versehen gewesen sei, denn aus dieser besonders günstigen Position könne doch so gut wie jeder treffen. Kurz danach wurde die Jagd abgeblasen.

Dr. Birkner antwortete ganz ruhig: *„Das, was hier von mir verlangt wurde, ist heimtückischer Mord. Dieser liegt laut Strafgesetz vor, wenn das Opfer arg- und wehrlos ist sowie nachweislich Tötungsabsicht besteht. Genau das trifft im vorliegenden Fall zu – nur steht jenes Opfer nicht unter dem gesetzlichen Schutz, wohl aber unter meinem höchstpersönlichen moralischen."* Der Waidmannskollege auf der anderen Seite der Holzbank erklärte leicht raunend: *„So redet meine Tochter auch immer daher, wenn ich auf die Jagd gehe, aber die ist erst zwölf und denkt einfach noch nicht realistisch."*

Herrn Birkners „Meisterschuss" mit der anschließenden Erklärung war natürlich den ganzen Abend
über Gesprächsstoff und die Meinungen reichten
von *„leicht weltfremd"* über *„einfach zu gut für diese Welt"* bis hin zu: *„Der Mann hat Recht! Endlich
spricht einmal einer klar aus, was sich jene Krie-
cher und Mitläufer aus Karriereopportunismus alle
nicht trauen."* Man hielt ihm vor, dass die Jagd un-
strittig eine über viele Jahrhunderte gewachsene

Tradition darstelle, die in Ehren zu halten sei. Birkner erwiderte, dass keine traditionelle Geschichte einer Sache etwas über deren *Wert* aussagt und man in der Firma auch kaum Softwarefehler bewahre und zur Tradition erkläre, nur weil sie sich über Dutzende von Updates[20] erhalten haben, da sie lediglich niemandem aufgefallen seien. Außerdem legte er ganz genau dar, dass nur ein exakt an der richtigen Stelle platzierter Blattschuss das Tier einigermaßen schmerzlos töte, was einem Gelegenheitsjäger höchstens durch einen extrem seltenen Zufall gelinge; so ein Hobbywaidmann versuche in erster Linie, das arme Tier *überhaupt* zu treffen und der Schuss lande dann einfach irgendwo auf dessen Körper, wodurch dem Wild ein langer Leidensweg beschert sei, bis einer der Jagdhelfer vielleicht die Qual beende – sofern er sich dafür überhaupt zuständig fühlt. Wohlgemerkt passiert dies alles keineswegs zur lebensnotwendigen Nahrungsbeschaffung des Menschen, ohne die er verhungern müsste, sondern einzig und allein aus brutalem Sadismus – dafür also, dass manche ein Erfolgserlebnis verbuchen können, indem sie sich wieder einmal ihre so haushohe Überlegenheit gegenüber einem wehrlosen Tier vor Augen geführt haben und sich durch solche Gedanken in irgendeiner Weise großartig vorkommen, denn sie konnten sich ja als die so mächtigen *„Herren über Leben und Tod"* aufspielen. Angesprochen auf das notwendige Gleichgewicht im Wald, das nur durch ein gut organisiertes Jagdwesen zu halten sei, entgegnete Birkner, dass man eine derartige Regulierung weitaus schonender durch eine ganz gezielte Geburtenregelung mittels medizinischer Futterzu-

---

[20] Ein *Update* ist die neue Version einer Softwareentwicklung.

sätze in den Griff bekommen könne. Die Sache mit der *„Jagd zum Wohle der Tiere"* entlarvte er kompromisslos als *„Jägerlatein"*. Er verstand es meisterhaft, sich verbal zu wehren, selbst wenn er von drei Seiten gleichzeitig „angegriffen" wurde.

Am nächsten Morgen berichtete der „zweite Mann vom Hochstand" die Geschichte als Kuriosum am Frühstückstisch und seine zwölfjährige Tochter, die aufmerksam zuhörte, fand die Art des neuen Vorstandskollegen einfach nur *„supercool"* und bat inständig, diesen Herrn doch einmal einzuladen, da er bestimmt nicht so langweilig wäre wie all die anderen, die sonst immer kämen.

Durch den Vorfall war das Jagdevent als Aufhänger für ein gesellschaftliches Näherkommen emotional belastet und wurde zukünftig nicht mehr vorgesehen; auch jener stabile Haken über Birkners Schreibtisch bekam nichts, was er halten musste, denn das Geweih verblieb dort, wo es hingehört — auf dem schönen Kopf des Hirsches, denn außer ihm braucht es schließlich keiner!

Trotzdem blieb das ernste Gespräch mit dem Firmeneigentümer natürlich nicht aus und Herr Schlüter sagte bedächtig und vollkommen aggressionslos: *„Also Birkner, Sie haben Ihre klaren Prinzipien und vertreten diese auch ohne jede Furcht. Bislang war ich mir noch nicht absolut sicher, ob Sie vielleicht lediglich der exzellente Entwickler sind, als der Sie bislang stets alle Probleme gemeistert haben, aber seit Samstag weiß ich, dass jemand mit Ihrer kompromisslosen und absolut unbeirrbaren Entschlossenheit für unseren Vorstand tatsächlich Gold wert ist. Den dunkelgrünen Jagdanzug kön-*

nen Sie vielleicht noch irgendwie zurückgeben; bei uns werden Sie ihn ganz gewiss kein zweites Mal benötigen."

Erst durchs Schwarze, dann ins Schwarze

Michael war seit langem Schüler des ehrwürdigen Friedrichsgymnasiums und gehörte zu denen, die niemals aneckten und außerdem einen Leistungspegel hielten, von dem manche Mitschüler meist nur träumen konnten. Dennoch war er keineswegs das, was böse Zungen – oft beflügelt von gewissen Neidmotiven – zuweilen als „Streber" bezeichnen, denn eine von Michaels besonders sympathischen Eigenschaften war seine freundliche Hilfsbereitschaft gegenüber all den Klassenkameraden. Das heißt gewiss nicht, dass er bei Extemporalen und Schulaufgaben bereitwillig jeden bei sich abschreiben ließ und dadurch half, die geltenden Regeln zu unterlaufen, aber er konnte in sämtlichen Fächern die Zusammenhänge selber sehr schnell erfassen und er hatte außerdem das Talent, diese dann auch jedem zu erklären, so dass er für manche geradezu unentbehrlich wurde. Dabei spielte es überhaupt keine Rolle, ob ein verzwicktes Problem in Mathematik, eine anspruchsvolle lateinische Übersetzung, eine komplizierte chemische Redoxreaktionsgleichung oder ein abstruser Stoff aus der Gentechnik im Fach Biologie anstand; der Michael wusste überall Bescheid und war jederzeit bereit, sein Wissen mit den anderen zu teilen. Es gab einige, die es durchaus geschickt verstanden, sich diese Chancen zunutze zu machen, indem sie beispielsweise für die Geschichtsstunden grundsätzlich keinerlei Vorbereitung investierten, aber Michael vor Unterrichtsbeginn regelmäßig baten, ihnen den Stoff der vergangenen Stunde noch einmal kurz zu erzählen, was dieser dann auch vorbehaltlos tat. Für ihn bedeutete das eine letztmalige Wiederholung und damit Verfestigung der Abläufe,

den Interviewern half der morgendliche Schnell-
kurs, die bei einer Ausfrage ansonsten ganz sichere Sechs, welche dann des Öfteren auch mit einem delikaten Verweis verbunden war, doch noch
in eine Vier mit fast unübersehbar langem Minuszeichen umzuwandeln, was den Betroffenen in der
Regel auch vollkommen ausreichte, denn sie wollten schließlich keine besondere Bildung auftanken,
sondern nur gerade eben so das Klassenziel erreichen – je knapper desto „cooler".

Zu Beginn der Oberstufe kristallisierte sich bei Michael noch ein weiterer Pluspunkt heraus, der ihn
auf der Beliebtheitsskala um ein paar zusätzliche
Stufen nach oben steigen ließ: Zu seiner Freundlichkeit und dem hohen Charisma, das er ständig
ausstrahlte, kam ein vorteilhaftes Aussehen, welches ihn vor allem bei den Mädchen in seiner sowie auch in anderen Klassen zum begehrten Ziel-
objekt machte, das es sich mit ausgeklügeltem Geschick zu angeln und warmzuhalten galt. Erst kurz
vor Michaels Abitur schaffte es Gisela, die ganze
drei Klassen unter ihm war, zu seiner Favoritin zu
avancieren, was die zahlreichen Mitbewerberinnen
schmollend hinnehmen mussten, ohne etwas Wirk-
sames dagegen unternehmen zu können. Jene Gisela war ebenfalls eine gute Schülerin und dabei
immer fröhlich, wobei sie es außerdem meisterhaft
verstand, sich äußerlich ständig sehr geschickt in
Szene zu setzen, und auf diese Weise immer einen absolut gepflegten Eindruck machte, der regelrechte Perfektion ausstrahlte. Ausschlaggebend
für Michaels „Wahl" waren jedoch wohl hauptsächlich die zahlreichen geistigen Anknüpfungspunkte,
die den beiden oft stundenlange Gespräche über
vollkommen unterschiedliche Themen bescherten.
Ob die Liebe nun tatsächlich immer rein platonisch

blieb, konnte außer den Involvierten niemand wirklich genau sagen, aber Tatsache war, dass diese Gisela den begehrten Michael für all die anderen Mädchen gleichsam stets blockierte, wodurch sie oftmals gar keinen besonders leichten Stand in der engeren Gemeinschaft hatte. Neben dem erwähnten Meinungsaustausch *„über Gott und die Welt"* joggte das junge Paar beinahe jeden Morgen seine gemeinsame Runde um den Block und besuchte am Sonntag den katholischen Gottesdienst.

Gegen Ende der Schulzeit, in der sich jeder halbwegs behütet fühlen konnte, kam natürlich für alle die Frage nach der richtigen Berufswahl auf. Bei manchen Partnern lautete die Devise schlichtweg: *„bestmöglicher Verdienst bei wenig Arbeit und Vermeidung jeglicher Verantwortung"*. Ob sich so eine Kombination im Einzelfall ohne einen großen Lottogewinn realisieren lassen würde, sei einmal dahingestellt. Für einige war die Richtung bereits genau vorgegeben, weil eine gut eingeführte Arztpraxis oder eine Rechtsanwaltskanzlei irgendwann in die nächste Generation geführt werden sollte und das Interesse an dem beruflichen Wirken der Eltern bereits von frühester Kindheit an gewachsen war. Wer diese Vorgabe in der familiären Tradition nicht zur Verfügung hatte, dachte an spätere Erfolge im industriellen Bereich und richtete, sofern die Leistungen in naturwissenschaftlichen Fächern im grünen Bereich lagen, die Fühler auf ein Studium an der Technischen Universität aus. Die betriebswirtschaftliche Richtung wurde nicht nur von denen eingeschlagen, die noch bis zuletzt unentschlossen waren, sondern auch von vielen, die meinten, dass man durch so ein BWL[21]-Studium gleichsam

---

[21] BWL heißt „**B**etriebs**w**irtschafts**l**ehre".

zum gut situierten Kaufmann herangebildet werde, der gesellschaftlich meist ganz oben schwimme. Tatsächlich hört man bei vereinzelten Betriebswirtschaftlern zuweilen den verächtlichen Spruch: „Der Ingenieur ist der Esel, auf dem der Kaufmann zum Erfolg reitet." Der Wahrheitsgehalt dieser Aussage ist umstritten, da stets nur eine gut funktionierende Symbiose aus beiden Berufsrichtungen erfolgreich ist, denn selbst ein hervorragender Vertriebsmann kann nichts verkaufen, wenn es nie entwickelt wurde, und eine exzellente Entwicklung nützt ebenso kaum etwas, wenn niemand sie kauft. Es ist allerdings zutreffend, dass Betriebswirtschaft oft als so eine Art Universalstudium anzusehen ist, bei dem sich das auf der Universität Trainierte zwar meist nirgends eins zu eins umsetzen lässt, womit man sich jedoch fast überall bewerben kann und sowohl in der Wirtschaft, beim Staat als auch freiberuflich immer breit gestreute Chancen vorfindet. Es gab auch Abiturienten, die den direkten Weg bevorzugten und zunächst einmal die praktische Ausbildung in einer Bank oder einem Versicherungsunternehmen anstrebten, um dann vielleicht später noch ein Studium durchzuziehen; dieser duale Wissensaufbau hat durchaus seine Vorteile und eröffnet nachher zahlreiche Möglichkeiten, die bei einem einseitig praktischen oder theoretischen Werdegang vielleicht verschlossen bleiben.

Bei Michael bestand im wahrsten Sinne des Wortes die Qual der Wahl: Er spielte im naturwissenschaftlichen Bereich in der obersten Liga mit, besaß fundierte Latein- sowie Geschichtskenntnisse und er konnte sowohl in seiner Muttersprache als auch in den beiden modernen Fremdsprachen, die auf der Schule vermittelt wurden, vortrefflich kommunizieren. Man war gespannt, für welche Richtung er sich bei diesen hervorragenden Voraussetzungen entscheiden würde. Die Spannung wich einem unerwarteten Erstaunen, als man hörte, dass er das Studium der katholischen Theologie ausgewählt habe. Viele, die ihn kannten, äußerten frei heraus: *„Der könnte bestimmt ganz etwas anderes werden, womit sich weitaus mehr verdienen ließe."* Manche seiner Mitschülerinnen tuschelten: *„Das ist eigentlich ganz gut so, denn dann bekommt ihn die Gisela auch nicht, wenn er später niemals heiraten darf."*

Michael zog sein Theologiestudium mit demselben Engagement durch, welches er auch während der Schulzeit immer an den Tag gelegt hatte. Mit Gisela, deren Entscheidungsphase noch vor ihr lag und die drei weitere Jahre zur Schule gehen musste, blieb er in fleißigem Briefkontakt. Der Ortswechsel, der bei dem Studienzweig, den Michael sich ausgesucht hatte, unvermeidlich gewesen war, tat der Freundschaft somit keinen Abbruch. Als sein Studium auf die entscheidenden Weichen zusteuerte und er sich dafür entschloss, einige Jahre später die Übernahme einer Pfarrstelle anzustreben, hatte Gisela gerade ihr Lehramtsstudium mit sprachlichem Schwerpunkt begonnen. Michaels Zeit auf der Universität verlief weitgehend unspektakulär, weil er alle Prüfungen beim ersten Anlauf schaffte und sich das Grundwissen im Fach Altgriechisch, welches er für seinen Abschluss benötigte, auch noch nebenbei angeeignet hatte. Unter derartigen herausragenden Bedingungen sowie angesichts des Nachwuchsmangels in seinem Beruf konnte er sich die Planstelle, in der er vorerst als Kaplan und später vielleicht als Pfarrer tätig sein würde, bis zu einem gewissen Grad sogar selber aussuchen; er entschied sich für einen kleineren Ort in Oberbayern, wo er sogleich seine Wurzeln schlug, da ihm die stets offene und verbindliche Art allen Mitmenschen gegenüber treu geblieben war. Das Aufgabengebiet erstreckte sich nicht nur auf den Bereich der Kirche mit zahlreichen organisatorischen und praktischen Tätigkeiten für die Vorbereitungen der Gottesdienste, sondern ebenso schwerpunktmäßig auf die Jugendarbeit. Neben dem Religionsunterricht an insgesamt drei Schulen plante und managte Michael die Themen bei den Arbeitsgruppen für junge Leute. Schließlich gab es wie in jeder Gemeinde die einen oder anderen Probleme bei den Mitgliedern, die der junge Geistliche stets mit Rat und Tat zu bewältigen half. Sein Unterricht wich in manchen Punkten von der konventionellen Vorgehensweise ab, nach der die einzelnen Propheten aus der Bibel getreu dem Lehrplan durchgezogen werden sollten und man den ständigen Kampf der Schüler gegen das Einschlafen oder unbewusste Abschalten gar nicht übersehen konnte, sondern befasste sich immer mit aktuellen Themen, welche die Heranwachsenden aus den diversen modernen Medien mitbekommen hatten und die dank Michaels lebhafter sowie engagierten Vorgehensweise im Lehrberuf meist schnell zu aktiven Diskussionen führten, bei denen dann der sonst so ersehnte Gong zum Stundenende oftmals überhört wurde und der Lehrer des anschließenden Fachs nach einer Anstandsminute verwundert durch den Spalt der leicht aufgezogenen Klassenzimmertür blickte.

Als der Pfarrer im Nachbarort seinen wohlverdienten Ruhestand antrat, gab es keine langen Personalgespräche, bis man entschieden hatte, dass Michael als der neue Gemeindepfarrer dessen Aufgaben übernehmen sollte. Dies war der ganz normale Werdegang und die Versetzung verlief beinahe planmäßig. All seine schulischen Verpflichtungen nahm der junge Pfarrer weiterhin mit vollem Eifer wahr und gab lediglich ein paar Ehrenämter im Bereich der Jugendgruppen an den nachrückenden Kaplan ab. In der sonntäglichen Predigt musste sich Michael auf die Mentalität seiner Zuhörer einstellen und hatte bald den richtigen Weg herausgefunden, der ihn schon vorab ahnen ließ, welche Themen von Interesse waren und was es eher zu vermeiden galt, weil gleichsam bloß so ein schlichter Monolog von der Kanzel entstanden und die stets so wichtige gedankliche Reflexion bei den Angesprochenen gänzlich ausgeblieben wäre.

Der Briefwechsel mit Gisela war über all die Jahre hinweg nicht eingeschlafen. Längst hatte diese ihre Zeit als Referendarin hinter sich und leitete an einem städtischen Gymnasium ihre eigene Klasse. Als die großen Ferien begonnen hatten, zog es sie an den Ort, in welchem Michael lebte und arbeitete, denn sie wollte ihn unbedingt wieder einmal sehen. So quartierte sie sich für ein paar Tage in einem kleinen nahegelegenen Gasthof ein und besuchte die sonntägliche Messe. Sie hatte sich zwar nicht irgendwie verkleidet, wohl aber ganz gezielt dafür gesorgt, dass der Auffälligkeitsgrad, den sie ansonsten stets an sich bevorzugte, diesmal deutlich heruntergefahren war – einerseits weil ein Erscheinungsbild als ausgesprochener Blickfang unter sehr konservativen Aspekten während des Gottesdienstes als wenig passend empfunden werden kann, obwohl heute jeder Mensch in einer Kirche willkommen ist, falls er sich nicht gerade penetrant aufreizend oder provozierend gibt, und zum anderen, weil sie sich nicht direkt in Pose setzen wollte, was Michael möglicherweise beim Zelebrieren der Andacht aus dem Konzept bringen könnte; so hoffte sie, als stille Zuhörerin mit einem Paar schlichter Baumwollhandschuhe, die ihre immer in farblichem Frohsinn gestalteten Hände unauffällig bedeckten, vorerst nicht erkannt zu werden. Diese Strategie schlug jedoch fehl, denn Michael pflegte von seiner Kanzel aus beinahe wie ein erfahrener Dompteur zu agieren und seine Blicke schweiften ständig nicht nur von links nach rechts, sondern auch von den vordersten Bänken bis zu den hintersten, so dass sich stets jeder persönlich angesprochen fühlen musste. Daraufhin blieb es nicht aus, dass in der Predigt voll Elan die Augen auch einmal auf Gisela fielen, deren Gesichtszüge unauslöschlich in seinem Gedächtnis gespeichert waren und trotz der an diesem Tag in ihnen dominierenden äußerlichen Schlichtheit augenblicklich einen „Treffer" in der Erinnerung signalisierten. Hinzu kam, dass die Bänke bei den Gottesdiensten des neuen Pfarrers zwar überdurchschnittlich, aber ja noch lange nicht bis zum letzten Platz besetzt waren, so dass man eher von einer bescheidenen Menschengruppe als von einer gewaltigen Menschenmenge sprechen konnte. Die leichte Vibration, die sich in Michaels Stimme einschlich, als er begriff, wer dieses neue „Gemeindemitglied" war, wurde von den anderen Gläubigen wie eine ganz bewusst durchgeführte Untermalung der gesprochenen Worte gedeutet. Bereits bei den nächsten Sätzen hatte der Pfarrer den „Störfaktor" innerlich erfasst und nach außen hin entschärft, so dass niemandem auffiel, welche Gedanken sich denen seiner engagiert vorgetragenen Rede überlagerten. Nach dem Orgelspiel am

Schluss der Messe eilte Michael wie immer durch den Seitenflur zum Ausgang, um sich an der Kirchenpforte von jedem Gemeindemitglied persönlich zu verabschieden und noch einen gesegneten Sonntag zu wünschen. Dabei traf er wie selbstverständlich auch auf Gisela, welche er nun seit über sechs Jahren nicht mehr persönlich zu Gesicht bekommen hatte. Ihr Ausdruck wirkte unverändert, er reichte ihr die Hand und sprach seine freundlichen Worte der Verabschiedung. Als der kurze Händedruck vorbei war, fühlte er einen kleinen Zettel, auf dem die aktuelle Handynummer seiner Jugendliebe stand.

Nach den abschließenden Arbeiten in der Kirche rief er sie an und beide verabredeten sich für den Nachmittag im Pfarrhof. Als Gisela erschien, hatte sie ihre schlichte Tarnung abgelegt und wirkte auf Michael genau so, wie er sie als flotte Zehntklässlerin in Erinnerung hatte. Die jungen Leute gingen ganz langsam Runde um Runde und mussten sich schier unendlich vieles erzählen. Eine Verabschiedung mit beiderseitigem Kuss und inniger Umarmung, wie es sie früher vielleicht manchmal gegeben hatte, war im Priestergewand natürlich nicht angebracht, auch wenn es außer den Vögeln und einigen Eichhörnchen in den umstehenden Bäumen wahrscheinlich keinerlei Zuschauer gab. Die gefiederten Zweibeiner in den zahlreichen Ästen veranstalteten überdies ein vielstimmiges Konzert, welches die romantische wie harmonische Atmosphäre unaufdringlich verstärkte und so zu einer Sommerstimmung führte, die geradezu Bilderbuchcharakter hatte und sogar noch durch das melodische Zirpen der an diversen Stellen irgendwo im Rasen sitzenden Grillen untermalt wurde.

Michaels innere Ruhe war einer freudigen Aufge-
wühltheit gewichen. Er hatte vor ein paar Jahren
seine berufliche Richtung ohne jeglichen äußeren
Zwang gewählt und sich dadurch für den Zölibat[22]
entschieden. Dieses unter der katholischen Kirche
noch immer geltende Eheverbot hat gar nicht, wie
manchmal angenommen wird, den Sinn, dass sich
ein Geistlicher ausschließlich seinem Beruf wid-
men soll, denn dann dürften beispielsweise Ärzte,
die in ihren Kliniken verantwortungsvolle Operatio-
nen durchführen, ebenfalls nicht heiraten; der Hintergrund ist vielmehr der, dass ja gleichsam jeder
verheiratete Berufstätige zuweilen ein paar Begebenheiten aus seinem Arbeitsalltag dem Ehepart-
ner erzählt und ein Pfarrer dabei in die Versuchung
kommen könnte, auch über Vorfälle zu berichten,

[22] Der Zölibat ist das Versprechen zur Ehelosigkeit und
sexuellen Enthaltsamkeit; dieses ist in der katholischen Kirche seit 1139 rechtlich verankert und wird
vor der Priesterweihe abgegeben.

welche dem Beichtgeheimnis unterliegen und die er deshalb unter gar keinen Umständen weitergeben darf. Um ihm diesen seelischen Konflikt zu ersparen, gilt nach wie vor die Ehelosigkeit.

Bei der evangelischen Kirche sieht man das Problem aus einer etwas erweiterten Perspektive und steht eher auf dem Standpunkt, dass es letztlich in sehr vielen Berufen eine Schweigepflicht gibt, nach der es weder einem Juristen noch einem Arzt, Ingenieur, Polizisten oder Bankangestellten erlaubt ist, sämtliche Vorkommnisse oder Entwicklungen aus seinem beruflichen Umfeld daheim derart offen auszuplaudern, dass sie später an falsche Adressen gelangen könnten. So eine Disziplin, nach der zahlreiche Berufstätige klar zu wissen haben, was sie privat erzählen dürfen und was nicht, wird ebenso von einem Pastor[23] erwartet. Michael entstammte nun aber einer katholischen Familie, war natürlich auch bei der Berufswahl seiner Konfession treu geblieben und hatte sich somit quasi automatisch dem Zölibat unterworfen. Dies stand fest, aber die Liebe von Gisela war heute Nachmittag vollkommen ungehindert wie eine elektromagnetische Welle durch den tiefschwarzen Talar und darauf gleich weiter ins Zentrum seines Herzens, also „voll ins Schwarze" gedrungen, wobei sie die alte Gegenliebe sofort wieder entfacht hatte. Die Vorstellung, mit seiner langjährigen Vertrauten zu kooperieren und später mit ihr auch eine Familie zu gründen, bohrte in ihm wie ein Alarm von einer vor langer Zeit vorinstallierten Sensorik, der nun plötzlich ausgelöst worden ist.

[23] In der norddeutschen Gegend wird ein evangelischer Pfarrer meist als Pastor, also gleichsam als Hirte bezeichnet.

Gewiss gibt es auch in der katholischen Kirche den einen oder anderen Ausweg. So wird beispielsweise unehelicher Nachwuchs bei einem Geistlichen zwar nicht gerne gesehen, aber die Kirche toleriert die Verfehlung und bezahlt sogar die Alimente für den Abkömmling – allerdings nur unter der Voraussetzung, dass sich der Erzeuger nicht öffentlich zu dem Kind bekennt und in der Geburtsurkunde als Vater folglich der Vermerk *unbekannt* erscheint. Problematisch wird es erst dann, wenn sich wiederum Nachwuchs einstellt, obwohl auch dies bereits bei ziemlich bekannten Geistlichen vorgekommen ist. So darf sich zum Beispiel Pater Anselm[24], welcher lange Zeit als überaus erfolgreicher kaufmännischer Leiter für das Kloster Andechs[25] fungierte, auch als zweifacher Vater bezeichnen.

Michael wollte sich ganz bestimmt nicht auf solche „Nebenwege" begeben, sondern hatte stets nach der Devise gelebt, dass bei einem klar gegangenen Weg gar nichts zu verheimlichen sein dürfe. Was müssten seine Gemeindemitglieder über ihn sagen, wenn er von der Kanzel herunter die Offenheit predigen, sich aber selber im Privatleben zu irgendwelchem Gemauschel verführen ließe? Er verlöre nachträglich die Glaubwürdigkeit für alles,

[24] Anselm Bilgri (☼ 1953) war bis zu seinem Ausscheiden aus dem geistlichen Amt im Jahr 2004 Prior im Kloster Andechs. Anschließend arbeitete er als Unternehmensberater und Buchautor.

[25] Kloster Andechs im Landkreis Starnberg (Oberbayern), das der Abtei St. Bonifaz angegliedert ist, wurde 1455 als Benediktinerkloster durch Herzog Albrecht III. von Bayern-München gegründet. Die angeschlossene Wallfahrtskirche im Rokokostil auf dem „Heiligen Berg" ist neben dem zu der Klosterbrauerei gehörenden „Bräustüberl" eine Touristenattraktion.

was er jemals ausgesprochen und gepredigt hätte. Die frohen Eindrücke von der Begegnung mit Gisela waren allerdings so stark, dass Michael sie nicht durch düstere Grübeleien überschatten wollte und nach dem Nachtgebet zufrieden einschlief.

Das mögliche öffentliche Gerede, das sich am Vorabend als ganz vages Bedenken in die Gedanken des Pfarrers eingeschlichen hatte, wurde bereits in der nächsten Woche Wirklichkeit: Eine stets sehr gesprächsfreudige Mitbürgerin aus der Gemeinde hatte den geistlichen Herrn dabei beobachtet, wie dieser am Sonntagnachmittag mit einer *„stark aufgedonnerten weiblichen Person"* lange im Pfarrgarten spazieren gegangen sei, und den Vorfall sogleich dem zuständigen Bischof gemeldet. Jener hatte die Frau beruhigt und ihr entgegnet, dass es sich wahrscheinlich um nichts weiter als eine Art geistlichen Beistands gehandelt haben werde, zu der ein Pfarrer gegenüber jedem Menschen verpflichtet sei, der sich ihm anvertraue. In einem Gespräch im Pfarrgarten liege keine Verfehlung oder Amtspflichtverletzung. Somit war jene um die Gemeindemoral besorgte Bürgerin beschwichtigt und die Angelegenheit dadurch vorerst vom Tisch, aber umso mehr wühlte sie während der nächsten Wochen in den Gemütern von Gisela und Michael.

Wie sollte es weitergehen? Der Geistliche kannte zwei klare Fakten: Er lehnte Heimlichkeiten ab und wollte mit seiner Gisela unbedingt zusammen leben. Folglich gab es nur den Weg der Laisierung[26]. Michael würde bestimmt die Lehrtätigkeiten an den

---

[26] Die Laisierung ist die Aussetzung aller Rechte und Pflichten eines Geistlichen, die dieser aufgrund des Weihesakraments empfangen hat.

Schulen weiterhin ausüben können und vielleicht außer dem Fach Religion noch einige weitere Fächer übernehmen, so dass er arbeitsmäßig auch in Zukunft gut ausgelastet wäre und später sogar eine Familie versorgen könnte. Somit blieb nur ein einziger gangbarer Schritt, und zwar der saubere gerade Sprung nach vorne.

Einig mit seiner Gisela, bestieg Michael genau drei Wochen nach ihrem unangekündigten Besuch zum letzten Mal die Kanzel und zelebrierte die sonntägliche Gottesdienstfeier. Alles lief in der bei ihm gewohnten spannenden Weise ab, die nicht nur die jungen Leute, welche früher zu den eher seltenen Besuchern der Kirche gehört hatten, sondern auch viele andere Gemeindemitglieder sämtlicher Altersstufen anzog. Am Ende seiner Predigt verlas der „Noch-Kleriker[27]" wie üblich die Abkündigungen. Er kam zu der Stelle, die er sich für den Schluss aufgehoben hatte, und zwar zu der Mitteilung an die Gemeinde, welches Paar in der vergangenen Woche kirchlich getraut worden war, und fügte, als ob dies das Normalste von der Welt wäre, hinzu:
„In ziemlich genau einem Monat wird es in unserer Gemeinde aller Voraussicht nach schon wieder eine kirchliche Trauung geben, nämlich die von Gisela Braune, die bislang noch nicht hier ansässig ist, die aber einige von euch vielleicht schon gesehen haben könnten, und meiner Wenigkeit. Ich bitte Gott von ganzem Herzen, er möge auch für diese Ehe seinen Segen geben.
Damit muss ich meine Aufgaben als Gemeindepfarrer beenden und ich bedanke mich noch einmal ganz aufrichtig für die vielen spontanen und oft

---

[27] Ein Kleriker ist ein Angehöriger des Klerus, also der Geistlichkeit.

auch durchaus kritischen Anregungen, die es mir immer leicht machten, daraus frische Kraft zu gewinnen und neue Gedanken zu entwickeln."

Die kurze Sprechpause für die gedankliche Umschaltung in den Gehirnen der Zuhörer war rhetorisch geschickt einkalkuliert. Nachdem sich der wilde Sturm allgemeiner Verwunderung ein wenig gelegt hatte, beendete Michael die Sonntagsandacht, wobei ihm Giselas Anwesenheit eine gehörige Portion an zusätzlicher Sicherheit verlieh, und es folgte die schon gewohnte Verabschiedungsprozedur, welche auch diesmal gar nichts von ihrer bekannten Herzlichkeit eingebüßt hatte. Noch am selben Tag verließ das Schreiben mit der Bitte um die Laisierung das Pfarramt.

Die Reaktion des Bischofs entsprach längst nicht mehr der, die man sich nach der Betrachtung alter Spielfilme für einen solchen Anlass vorstellen mag, sondern erfolgte ganz sachlich und voll menschlicher Achtung.

Alles lief so ab, wie es in den rosigsten Träumen ausgesponnen war, und die Hochzeit fand planmäßig statt. Die Eingabe des Gymnasialdirektors von einem der Schulhäuser, an denen Michael unterrichtete, beim Erzbischöflichen Ordinariat, die beinhaltete, dass dieser für die Aufrechterhaltung des Schulbetriebs unbedingt gebraucht werde und seine Lehrtätigkeit so auf gar keinen Fall wegen des Ausscheidens aus dem katholischen Priesteramt beendet werden solle, trat im übertragenen Sinne offene Türen ein, denn das Engagement des bisherigen Gemeindepfarrers in der Jugendarbeit war längst in dessen Personalakte eingetragen und es bestand somit überhaupt kein Zweifel daran, dass man einen solchen Menschen dort belassen werde, wo er sich am besten einbringen könne.

Früher wäre es vollkommen undenkbar gewesen, dass ein ehemaliger Geistlicher in genau der katholischen Kirche getraut wird, in der er noch bis vor kurzem selber als Pfarrer seines Amtes gewaltet hatte. Gewiss mag ein solcher Vorgang in manchen Gemeinden selbst heute noch zuweilen als absolutes "No-Go" betrachtet werden, wie es sich auf „Neudeutsch" formulieren ließe, aber trotzdem besteht vielerorts ein sehr deutlich zu erkennender Trend für Wandelungen, nach denen sich die über Generationen praktizierten Gepflogenheiten an die Empfindungsweisen sowie Bedürfnisse moderner Christenmenschen ein wenig besser anpassen, als dies im streng konservativen Sinne möglich wäre, ohne dabei das Althergebrachte gleich rücksichtslos zu verdrängen oder zumindest in seiner Tradition zu kränken.

So arbeiteten schließlich beide Eheleute im Schuldienst, der ja bekanntlich eine recht solide finanzielle Absicherung bedeutet und vor allem relativ krisenfest ist, denn ein Ausgliedern der Lehrtätigkeiten in Billiglohnländer – gleichsam als Fernunterricht – ist bislang noch nicht realisierbar. Als wenige Jahre später eine kleine Familie herangewachsen war, blieb das harmonische Gefüge erhalten und weder Gisela noch Michael bedauerten es jemals, ihren Schritt in die Zukunft gemeinsam gegangen zu sein.

Eine Saat aus Michaels Wirken für die Kirchengemeinde ging erst durch seinen Nachfolger auf, als der Urheber bereits aus dem geistlichen Amt ausgeschieden war: Er hatte den Weg dafür geebnet, dass während des Gottesdienstes regelmäßig ein paar Tiere aus der bäuerlichen Umgebung mit anwesend sein durften, wodurch nicht nur eine besondere Attraktion geschaffen, sondern auch die innere Beziehung zwischen Mensch und Tier ein wenig besser gefestigt wurde. Dies bewirkte, dass immer mehr Bürger in den „Ehrengästen" bald keine „*Nutztiere*" mehr, sondern *Mitgeschöpfe* erblickten.

Der Kollege, der jene Neuerung gleichsam geerbt hatte, verstand es nach Michaels Instruktion und Vorbild ganz meisterhaft, diese „Zuhörer" geschickt in die Predigt zu integrieren, indem er sich auf Begebenheiten aus dem Leben Jesu bezog und so nicht nur die aus der Weihnachtsgeschichte legendär bekannten Vierbeiner wie Ochse und Esel den Gemeindemitgliedern näher brachte.

Bertha

Nach einem wunderschönen Sommer war es allmählich Herbst geworden und die Nächte fühlten
sich kälter an, wobei sie außerdem länger dauerten. Tagsüber fiel es manchmal gar nicht so leicht,
noch ein paar wärmende Sonnenstrahlen zu erha-
schen, um wieder einmal jenes behagliche Gefühl
zu empfinden, das während der vergangenen Wochen zur vollkommenen Selbstverständlichkeit gehört hatte. So stellte es sich für Bertha, wie sie eigentlich noch gar nicht hieß, als ausgesprochener
Glücksfall heraus, dass sie am späteren Vormittag
in Familie Leitners weit geöffnetes Küchenfenster
geflogen war, bei der man es nach dem Frühstück
wohl wegen großer Eile und trotz der sich dort regelrecht aufdrängenden und schon fast peinlichen
Sauberkeit in allen Winkeln nicht geschafft hatte,
den Tisch abzuräumen. Das war nun Berthas große Chance und sie konnte sich wieder einmal nach
Herzenslust satt futtern. Man muss hier bedenken,
dass ein auf dem Weg vom Brotteller auf den Tisch
gefallener Krümel einer Vollverpflegung für mehrere Tage entsprach und wirklich genossen werden
musste. Als Frau Leitner dann plötzlich die Küche
betrat und nach ausreichender Durchlüftung das
Fenster wieder schloss, gab es für Bertha kein Zurück mehr und sie war diesen Menschen, zu denen
sie sich dazugesellt hatte, ausgeliefert – auf Ge-
deih und Verderb. Sie verfügte über den richtigen
Riecher, denn jene Frau Leitner schlug nicht nach
ihr, sondern ließ sie in aller Ruhe ihre bescheidene
Mahlzeit zu Ende genießen, während die Hausfrau
das Geschirr zusammen mit dem Besteck in ihre
Spülmaschine räumte. Währenddessen flog Bertha
auf die Pflanze, welche am anderen Fensterbrett

stand, und konnte unter einem grünen Blatt ihren etwas vorgezogenen Mittagsschlaf abhalten. Nach dem Aufwachen begann sie ihre Entdeckungsreise durch die Wohnung und wurde dabei von Fritzchen bemerkt, der gerade aus der Schule heimkam und begeistert ausrief: *„Mutsch, schau: Wir haben noch eine Fliege! Vielleicht möchte sie bei uns überwintern."* Die Mutter hatte das kleine Wesen nur flüchtig in der Küche gesehen und meinte: *„Sie soll ruhig bleiben, solange es ihr bei uns gefällt, zumal es jetzt draußen schon so unangenehm kalt wird. Wie soll sie denn heißen? – Vielleicht ‚Bertha', so wie die, die vergangenes Jahr bei uns logierte?"* Fritz war damit einverstanden und so stand der Name des neuen Haustiers fest.

Nach dem Essen, das für Bertha verheißungsvoll duftete, zu dem sie sich aber gar nicht aufgemacht hatte, weil sie von jenem Brotkrümel auf dem Küchentisch noch ausreichend gesättigt war, setzte sich Fritzi an seine Hausaufgaben und die kleine Fliege leistete ihm dabei gerne Gesellschaft, wobei sie unter einigen Buntstiften hindurch kletterte und bald darauf über das Federmäppchen spazierte. Dort verweilte sie ein wenig und rieb sich lange die vorderen Beine, indem sie diese aneinander wand. Dabei zog sie sie sogar manchmal bis über ihren Kopf und säuberte sich dadurch – ähnlich wie eine Katze. Sämtliche Bewegungen erfolgten mit einer bewundernswerten Schnelligkeit sowie einem Geschick, das sich der Mensch niemals antrainieren könnte. Einmal musste Fritz an seinen Radiergummi und Bertha merkte, dass ihre in die Umgebung gewehte Luft plötzlich an einer Stelle zurückkam; daraus schloss sie auf die Anwesenheit von einer menschlichen Hand und brachte sich mit blitzartiger Reaktionszeit in Sicherheit. Kurz darauf landete sie wieder auf dem grünen Federmäppchen und setzte emsig ihre Körperpflege fort. Wenn Fritz an einer Rechenaufgabe grübelte und nur schwer auf die Lösung kam, betrachtete er Bertha, wie sie die ihr zugedachten Handlungen vollführte, die natürlich anders waren als seine Denkanforderungen, aber die in ganz ähnlicher Weise mit System und mit Verstand angegangen werden mussten. Eine halbe Minute entspanntes Beobachten des kleinen Tieres wirkte wie eine Erholung und sorgte meistens dafür, dass das junge Gehirn danach wieder effektiv arbeiten konnte.

Als der Vater nach einsetzender Dämmerung aus der Firma heim kam, wurde er von Bertha kurz umflogen und damit gemäß der Fliegensitte herzlich begrüßt. Für ihn galt ebenso die Devise „*leben und leben lassen*", weshalb er den Gast in seiner Wohnung natürlich tolerierte. Am Abend krabbelte Bertha noch ein paar Mal beinahe diagonal über den Bildschirm des Fernsehgerätes, was ihr allerdings sehr bald langweilig wurde, da sie das eingestellte Programm nur wenig interessierte. Beim Essen, zu dem sie sich ebenfalls mit eingeladen fühlte, fragte Herr Leitner nur kurz: „*Heißt die Fliege dieses Jahr auch wieder Bertha oder heuer etwa anders?*" Als ihm der Name bestätigt wurde, meinte er beruhigt: „*Na prima, dann muss ich mich wenigstens nicht umstellen.*" Darauf erzählte er, dass die erste Atlantiküberquerung per Flugzeug ohne Begleitung und Tankstopps 1927 durch Charles Lindbergh[28] gelang und eine vielleicht ganz ähnliche Fliege diese Leistung erst möglich gemacht habe, weil sie in genau dem Moment, als der todmüde Pilot in den Erschöpfungsschlaf zu fallen drohte, diesem über das Gesicht gekrabbelt sei und ihn dadurch gerade noch rechtzeitig wieder geweckt habe.

So gehörte das filigrane Insekt alsbald richtig zur Familie und war immer mit dabei. An ein Verlassen der Wohnung beim Lüften dachte es nicht, da sich die eiskalte Luft, welche ihm von draußen entgegenströmte, wirklich ganz und gar nicht angenehm anfühlte. Außerdem war es jenseits des Fensters fast immer ziemlich dunkel und kein helles Sonnenlicht lockte zum Durchfliegen der Scheibe. Mit diesen so merkwürdigen Kreationen menschlichen

---

[28] Charles Augustus Lindbergh (☼ 1902, † 1974) war ein amerikanischer Pilot, dem am 20./21.05.1927 die erste Atlantiküberquerung im Alleinflug sowie ohne Zwischenlandung in 33 Stunden und 30 Minuten von New York nach Paris gelang.

Erfindungsgeistes hatte Bertha während der Sommertage des Öfteren Bekanntschaft machen müssen: Da sieht es so aus, als könne man in den geschmackvoll gepflegten Garten fliegen und sich auf einer der zahlreichen Blüten entspannt niederlassen, jedoch mitten im Flug stößt man sich seinen Kopf, wobei man gar nicht weiß, warum; trotz aller Anstrengung ist dann kein Vordringen mehr zum Ziel möglich.

Mit ihren Facettenaugen[29] konnte sie Hindernisse zwar lediglich schemenhaft wahrnehmen, aber das reichte vollkommen aus, um stets eine zielsichere Flugroute zu planen und bei ihrer Reisegeschwindigkeit von etwa zehn Stundenkilometern beinahe zeitgleich auch umzusetzen.

Grell leuchtende Lampen gab es in der Wohnung der Familie Leitner nicht, was für Bertha auch gut war, denn dadurch hatte keine Lichtquelle zu große Ähnlichkeit mit der Sonne und die Versuchung, diese forsch anzufliegen, um quasi den Sommer noch einmal einzuholen, ergab sich gar nicht erst. Beim Abendessen wusste Bertha genau, welche Verhaltensweisen in einem Menschenhaushalt von ihr erwartet wurden, um nicht den Groll der Gastgeber herauszufordern; somit vermied sie es, sich auf Speisen zu setzen, von denen im Moment gegessen wurde. Derartige Affekthandlungen hatte sie auch gar nicht nötig, denn für sie war stets ein

---

[29] Die Facettenaugen der Fliegen bestehen aus jeweils mehreren hundert Einzelaugen (*Ommatidien*), von denen jedes allerdings nur einen einzigen Bildpunkt liefert. Der phänomenalen Leistung des Fliegengehirns ist es zu verdanken, dass sich das Tier aus der Menge dieser Einzelinformationen ein verständliches Bild von seiner Umgebung machen kann.

winziges Schälchen mit ein bisschen Puderzucker gedeckt, der sich durch ihren Rüssel aufnehmen und mithilfe des Speichels zu einem wohlschmeckenden Brei zubereiten ließ. Ein Wassertropfen daneben reichte aus, um den Durst zu stillen.

So lebte Bertha zusammen mit der Familie Leitner in den Winter hinein. Irgendwann wurde sie allerdings schwächer und ihr Leben, das Biologen mit maximal 42 Tagen angeben, näherte sich seinem unabwendbaren Ende. Nach ihrem Zeitempfinden dürfte das so viel bedeuten wie für den Menschen das Doppelte in Jahren. Eines Tages war sie verschwunden und das schwarze Geschöpfchen, welches sich in eleganten sowie flink geflogenen Kurven so leise durch die Luft der behaglich beheizten Zimmer bewegt hatte, wurde nicht mehr wahrgenommen, obwohl jeder in der Familie immer noch nach Bertha Ausschau hielt. Die kleine Fliege hatte somit nicht bis zum bevorstehenden Weihnachtsfest durchgehalten, das für sie aber wahrscheinlich auch ohne allzu tiefe Bedeutung gewesen wäre.

Die von Gott in Gang gesetzte Natur bestimmt nun eben, wie lange jedes Individuum auf Erden zu leben hat und es ist die Aufgabe des Stärkeren, seiner Fürsorgepflicht bewusst nachzukommen und den Schwachen unter den Zeitgenossen ein wenig Hilfestellung zu gewähren. Jedes einzelne Mitglied jener Familie Leitner war dieser moralischen Verpflichtung in vollstem Umfang gerecht geworden. Manchmal vermisste Fritz die willkommenen Unterbrechungen bei den Hausaufgaben, wenn Bertha ihm über die linke Hand gekrabbelt war, während er mit der rechten seine Buchstaben gemalt hatte.

Steinig und am Ende versperrt

Thomas Gehrcke hatte alle vier Grundschuljahre ohne gravierende Probleme hinter sich gebracht und der Übertritt an eine weiterführende Schulart stand im Raum. Seine Lehrerin konnte ihm durchschnittliche bis sehr gute Leistungen bestätigen, so dass von den Zahlen her der für viele so begehrte Wechsel eigentlich möglich gewesen wäre, denn die magische Durchschnittsnote von 2,33 war erreicht – mit je einer Zwei in Mathematik und HSU[30] sowie einer Drei im Fach Deutsch, die ein unsichtbares Plus führte. Auf der Anmeldungsliste für das Gymnasium oder die Realschule stand Gehrckes Name jedoch nicht, denn seinem Vater missfiel es, wenn ein junger Mensch unnötig lange die Schulbank drückte. Die Lehrerin hakte nicht weiter nach, denn sie hatte ihre Quoten und es gab ohnehin bereits jedes Jahr genug Nachfragen von Seiten der Schulleitung, warum derart viele Schüler so einen Übertritt anstrebten; da kam einer wie Thomas gerade recht, der mit seinen Leistungen das Niveau der Hauptschule hob und dadurch ein lebendiges Beispiel dafür abgab, dass durchaus auch bessere Schüler den manchmal ganz zu Unrecht verpönten Quali[31] anstreben sollten. Als der knapp Zehnjährige dann doch einmal vorsichtig daheim anfragte,

---

[30] HSU bedeutet „**H**eimat- und **S**achkunde-**U**nterricht". In diesem Fach, das den Kindern ein paar wesentliche Informationen zu der Welt vermitteln soll, in der wir alle leben, werden an der Grundschule die Fächer *Geschichte*, *Erdkunde*, *Biologie*, *Physik* sowie *Chemie* zusammengefasst.

[31] Der Quali ist eine häufig benutzte umgangssprachliche Kurzform für den „**Quali**fizierten Hauptschulabschluss".

warum er nicht an eine höhere Schule dürfe, obwohl dies bei so vielen Mitschülern seiner Klasse gehe, bekam er die sachlich kurze, aber bestimmt nicht unfreundliche Antwort: *„Wei' sowas ja nur a Goid koost und dabei gar nix bringt. Du gehst ewig zur Schui, verdienst nix und bist dann am End ano arbeitslos mia so vuile von dena Studiert'n.*[32]*"* Thomas zog die Schule durch und erzielte Ergebnisse, die fast immer im obersten Bereich rangierten. Hin und wieder besuchte er noch seinen Freund Gerd, neben dem er in der vierten Grundschulklasse gesessen war und der jetzt am städtischen Gymnasium seinen Weg machte. Thomas ließ sich oftmals dessen Schulbücher zeigen und sah eigentlich gar keinen Grund dafür, warum er das, was dort stand, nicht *auch* gezielt lernen könne. Schließlich flaute die Freundschaft ab und schlief irgendwann ein. In regem Kontakt blieb er jedoch zu seinem Mitschüler Paul, dessen Eltern eine große Gärtnerei betrieben, die dieser später als einziger Nachkomme einmal übernehmen würde. Die Abläufe waren ihm von frühester Kindheit an geläufig und so konnte er sich überhaupt keine andere Zukunft vorstellen, als Blumen einzukaufen, hin und wieder zu veredeln, zu züchten und schließlich mit sattem Gewinn an die Kunden zu bringen; in dieser Gärtnerei hatten die Eltern die Mittel für das schöne Haus der Familie erwirtschaftet, sie ermöglichte regelmäßig komfortable Ferienreisen und auch sonst noch allerlei Begehrenswertes. Auf Thomas' interessierte Frage, ob Paul auch einmal daran gedacht habe, auf

---

[32] *„Weil so etwas ja bloß Geld kostet und dabei überhaupt nichts nützt. Du gehst ewig lange zur Schule, verdienst nichts und bist dann am Ende auch noch arbeitslos wie so viele von diesen Leuten mit abgeschlossenem Studium."*

eine andere Schule zu wechseln, antwortete dieser: *„Zu was denn? Den Blumen ist das wurscht, ob sie von so einem komischen Doktor gegossen werden oder von einem stinknormalen Menschen; Hauptsache ist, sie bekommen ausreichend Wasser und das zur richtigen Zeit. Dafür muss ich nun wirklich nicht den ganzen Tag so viel Zeugs pauken, das ich echt nie brauchen werde.*" Die Familie Gehrcke betrieb keine Gärtnerei und auch kein anderes Handwerksgeschäft, sondern Thomas' Vater war Lastwagenfahrer bei einer großen Spedition und erzählte über seinen Beruf eigentlich nicht viel. Manchmal schimpfte er verärgert, dass die Fahrer bestimmter Personenwagenfabrikate offenbar so borniert seien, dass sie noch immer nicht wissen, welchen Bremsweg ein voll beladener Lastzug habe und dass man deshalb eben nicht kurz vor diesem auf dessen Spur einscheren dürfe.

In der Abschlussklasse teilte der Lehrer eines Morgens für jeden Schüler ein amtliches Formular aus und erklärte, dass es nun an der Zeit sei, einmal zu lernen, wie so ein Formblatt korrekt auszufüllen ist, damit man als Bürger seine Rechte auch richtig wahrnehmen könne. Bei genauerem Hinsehen erkannte Thomas, dass es sich um Antragsformulare für *„Hilfe zum Lebensunterhalt*" handelte, also um diese berüchtigten Hartz IV - Anträge. Er war schockiert: Vermutete man denn, dass mit dem Qualifizierten Hauptschulabschluss, der doch immer als das große Ziel hingestellt wurde, das gar nicht so leicht zu erreichen sei, keine seriöse Ausbildung in technisch praktischer, kaufmännischer oder dienstleistender Richtung möglich ist? Auch dieses Stoffgebiet war am nächsten Tag durchgenommen und die Abschlussprüfungen standen an. Thomas bereitete sich so gut wie möglich darauf vor und erreichte ein Resultat, auf das die Schule nach der Formulierung des Rektors noch nach Jahren stolz sein werde. Die Bewerbungsbriefe für einen Ausbildungsplatz hatte er sich aufgehoben, bis er sein Zeugnis wirklich in der Hand hielt und mit bestem Gewissen vorlegen konnte; außerdem wollte er so einen wichtigen Schritt natürlich mit den Eltern absprechen. Daraus wurde allerdings nicht viel, denn sein Vater plädierte dafür – man kann auch sagen *„bestimmte"*, dass Thomas nach ein paar Überbrückungsjobs zunächst einmal zum frühestmöglichen Zeitpunkt den Führerschein machen solle und sich dann ganz sicher eine interessante Tätigkeit für ihn finden werde.

So geschah es und auch diese Hürde erwies sich in Theorie und Praxis als reiner Spaziergang. Nach Herrn Gehrckes Ansicht sollte der Stammhalter zuerst auf einem Transporter ein bisschen praktische Berufserfahrung ansammeln und später die LKW-Prüfung ablegen, mit der einem Fahrer buchstäblich die Welt offenstehe, denn dann könne er Touren durch ganz Europa und heute sogar bis an die Ostküste Russlands übernehmen, wobei sich sogar der asiatische Kontinent erkunden ließe.

Die Arbeitsagentur vermittelte gleich drei Stellen, für die jeweils ein zuverlässiger Kraftfahrer gesucht wurde – bei einem größeren Metzgereibetrieb, bei einer Bäckereikette und bei einem Logistikunternehmen. Die erste Möglichkeit schied schon von vorn herein aus, weil Thomas natürlich keine Leichenteile durch die Gegend kutschieren wollte, da er sich dadurch jedes Mal mit schuldig an den vielen Ermordungen fühlen würde, durch die unschuldige Wesen buchstäblich aus dem Leben gerissen werden, die dieses noch zum größten Teil vor sich haben könnten. So fiel die Wahl auf die letzte Variante, weil sich der Berufsanfänger unter „Logistik" noch überhaupt nichts vorstellen konnte, was seine Neugier weckte. Die Vorstellungsbesprechung in der Firma „*Hartmann Logistics*" verlief nach dem Motto „kurz und bündig", da sein Gesprächspartner sehr unter Zeitdruck zu stehen schien. Der Arbeitsbeginn erfolgte drei Tage später und fiel damit auf den Ersten des folgenden Monats. Was Thomas zu transportieren hatte, waren überwiegend hellgraue Pappkartons, die fast alle gleich aussahen und bei denen man ganz genau auf die Auslieferungsadressen achten musste, damit nicht irgendeine Strecke zweimal gefahren wurde. Am Anfang begleitete ihn der Vater noch auf dem Beifahrersitz, solange es der eigene Tourenplan zuließ. Er schien von der Art, wie sein Sohn mit dem schneeweißen Sprinter[33] umging, richtig begeistert zu sein und sagte ein paar Mal mit unverkennbarem väterlichen Stolz: *„Bua, des packst Du scho!"*[34] Was die vielen Kartons enthielten, erfuhr der junge Fahrer vorerst nicht. So fragte er eines Tages einen schon etwas älteren Kollegen, aber erhielt nur eine recht wortkarge Antwort: *„Hardwarekomponenten, also meistens Computerteile."* Thomas besaß daheim auch ein Notebook und dachte folglich in erster Linie an Tastaturen und Computermäuse.

Die Arbeit ließ sich eigentlich ganz gut an, aber er war abends doch immer rechtschaffen müde, denn er musste ja nicht nur den Wagen fahren, sondern an jeder Station auch aktiv beim Be- und Entladen

---

[33] Ein Sprinter ist ein größerer Mercedes-Kleintransporter mit bis zu 2,84 Tonnen Zuladungsmasse.

[34] *„Junge, das schaffst Du schon!"*

zupacken. Die geschickteste Planung der „Reise" hatte man ihm zunächst immer auf einem ausgedruckten Zettel mitgegeben, aber nach guten zwei Wochen musste er sich auch darum selber kümmern. Am liebsten übernahm er Überlandfahrten, mit denen er bei verschiedensten Wetterbedingungen die Gegend erleben und manchmal sogar ein wenig genießen konnte; da kam dann ein gewisses Gefühl von Freiheit auf, das er als Schüler so nicht gekannt hatte. Anfangs ließ er bei der Fahrt gerne das Radio laufen und genoss die Berieselung durch flotte Musik und jede Art Smalltalk von den Plauderern mit den sympathischen Stimmen aus den vielfältigen Rundfunkanstalten; dann erschien ihm diese Unterhaltung schnell zu einseitig und langweilte eher, weshalb das Radio aus blieb und nur noch über die ständig aktivierte Standby-Einstellung aktuell vorliegende Verkehrsstörungen gemeldet wurden. Am Ende einer Tagestour musste der Wagen gereinigt und gewartet werden – soweit die Aufgaben in der Kompetenz des Fahrers lagen; so hatte Thomas neben dem Volltanken den Öl- und Kühlwasserstand zu überprüfen, in sämtlichen Reifen den Luftdruck zu korrigieren und dafür zu sorgen, dass die Inspektionstermine korrekt eingehalten wurden – bei der Vertragswerkstatt sowie bei der amtlichen Hauptuntersuchung.

Nebenbei versuchte Thomas, möglichst viel davon mitzubekommen, was in der Firma, für die er täglich arbeitete, eigentlich genau gemacht wurde und welchen Aufgaben all die vielen Leute nachgingen, die jeden Morgen in ihre Büros strömten; er hatte gehört, dass von Informatikern Betriebssoftware in unterschiedlichsten Varianten entwickelt sowie getestet werde und in den grauen Kartons teilweise Datenträger lägen, welche die Arbeit von Monaten enthielten. Diese ganzen Dinge spukten ihm durch den Kopf und er kam sich dabei winzig klein vor. Es gab jedoch auch helle Momente: Bei einer der Firmenniederlassungen wurden die Pakete immer von derselben freundlichen Dame in Empfang genommen. Sie schien nur unmerklich älter zu sein als er, wirkte gertenschlank und von oben bis unten modemäßig gepflegt. Eigentlich verkörperte sie eher den Typ, der es nicht nötig hat, zu den Mitmenschen freundlich zu sein, da diese sofort eine besondere Begeisterung ihr gegenüber aufbauten, aber sie war es trotzdem – auch zu Thomas. „Carmen Neuhaus" stand auf dem zierlichen Namensschild ihres Revers und es bedeutete jedes Mal einen kleinen Lichtblick im grauen Alltag, wenn die Adresse, an welcher sie die Lieferung annahm, auf dem Tourenplaner stand.

Als Thomas über ein paar „alte" Freunde Teilnahmekarten für das anstehende Volksfest in einem Vorort erhalten hatte, fasste er sich ein Herz und fragte „seine" Carmen einfach frisch drauf zu, ob sie Lust habe, am übernächsten Samstag mit auf das Volksfest zu gehen; zwei Karten habe er bereits und es werde bestimmt recht „zünftig[35]". Carmen lächelte – wie eigentlich immer – und antwortete nur ganz knapp: „Ich glaub', dass das keine so gute Idee ist." Diese Abweisung traf Thomas wie ein Stoß und er musste sich auf der weiteren Fahrt wirklich bemühen, den Wagen richtig in der Spur zu halten. Hätte jene Kollegin ihm gesagt, bereits gebunden zu sein und so etwas deshalb nicht mitmachen zu können, oder wäre es zu einer der altbekannten Ausreden gekommen, dass sie nämlich leider ausgerechnet an genau dem Samstag auf die vier Kinder ihrer älteren Schwester oder Nach-

---

[35] lustig, unterhaltsam

barin aufpassen müsse, wäre das alles irgendwie hinzunehmen gewesen – aber dass es schlichtweg „*keine gute Idee*" sei, mit ihm etwas zu unternehmen, bedeutete doch einen Schlag in das Gesicht, der fürchterlich schmerzte. Bestimmt war er ihr zu wenig – eben nur ein einfacher Bursche, der einen Transporter fahren konnte, aber auch nicht mehr. Vielleicht hätte die Anfrage einen anderen Verlauf genommen, wenn er ebenfalls einer von diesen Informatikern wäre – am besten einer mit Universitätsdiplom in der Tasche. Die Gedanken bohrten in seinem Kopf und es ließ sich kaum Ruhe finden. Am nächsten Morgen erschien die Situation bereits ein wenig geordneter: Als Startkapital galt sein erst geringes Alter. Er könnte sich an der Volkshochschule einschreiben und jeden Abend Kurse besuchen, die ihm bei intensiver Arbeit in ein paar Jahren das „*Abitur auf dem zweiten Bildungsweg*" ermöglichen würden. Mit so einer Eintrittskarte wäre dann vielleicht ein Informatikstudium denkbar, das wohl eines fernen Tages zu jenem begehrten Abschluss führen könnte, der quasi die Welt bedeutete. Thomas dachte noch einmal alle Details durch und ihm fiel das ach so alte chinesische Sprichwort ein, welches der Gemeindepfarrer engagiert von der Kanzel herunter zitiert hatte und das im Deutschen heißt: „*Ein Weg von tausend Meilen beginnt mit einem kleinen Schritt.*" Ja, der Weg vom so unscheinbaren Transporterfahrer bis zum Informatiker mit Universitätsdiplom erschien sogar weitaus länger als tausend Meilen, aber mit ausreichender Energie müsste er doch zu schaffen sein und Thomas war kein Träumer, der ständig in irgendwelchen Gedanken versank, die bloß vorgaben, wie schön alles sein *könnte*, womit dann die Episode auch schon wieder sanft erlosch, sondern in ihm schlummerte weit eher ein *Mann der Tat*, der die Realitäten nutzte und lieber heute als morgen fest zupacken wollte, anstatt sich rosafarbenen Illusionen hinzugeben. Als erstes galt es, weitere Kontakte mit dieser Carmen Neuhaus zu vermeiden; da sie aber nun einmal die Lieferungen quittierte und „ihre" Niederlassung regelmäßig angefahren werden musste, kam nur ein radikaler Schnitt infrage: Unmittelbar nach dem Aufstehen rief Thomas bei der Bäckereikette an und fragte dort höflich, ob die Stelle als Fahrer noch frei sei; als man dies bejahte und interessiert fragte, wann er denn anfangen könne, hieß seine spontane Antwort: *„Ich hoffe, spätestens morgen."* Da sich Thomas bei dem Logistikunternehmen noch in der Probezeit befand, war eine Aufhebung des unterschriebenen Arbeitsvertrags ohne Weiteres möglich. Der so schweigsame Herr von der Personalabteilung, der ihn eingestellt hatte, kam jetzt deutlich mehr aus sich heraus und fragte, was es denn in der Firma zu beanstanden gäbe und worauf die Hoffnung eigentlich abziele; mehr oder weniger harte Arbeit werde an jedem Ort lauern und ein Wunschkonzert sei das Leben nun einmal gar nicht. Als er vernahm, dass Thomas bei der Bäckereigruppe anfangen wollte, meinte der „Noch-Kollege" ihm gegenüber: *„Wenn Sie meinen, Herr Gehrcke, dass sich einer von den ebenfalls weißen Sprintern mit dem teiggelben Seitenstreifen und nougatbraun abgesetztem Radbereich wesentlich anders fährt als unsere ganz weißen, dann gehen Sie halt diesen Schritt. Reisende soll man schließlich nicht aufhalten, aber Sie müssen wissen, dass wir mit Ihnen voll und ganz zufrieden waren, was Ihre Zuverlässigkeit anbelangt, die Art, wie Sie mit all unseren Fahrzeugen umgegangen sind und sich gegen die Kollegen verhal-*

ten haben – damit meine ich keineswegs bloß die Fahrer, sondern vor allem auch diejenigen, die Ihre stets pünktlich zugestellten Lieferungen angenommen haben. Da Sie uns noch innerhalb der Probezeit wieder verlassen möchten, kann ich Ihnen nur ein eher formelles Zeugnis ausstellen, in dem all diese Punkte nicht stehen werden, sondern bloß, dass Sie auf eigenen Wunsch die Firma verlassen. Uns handeln Sie damit die Mühe ein, wieder jemanden mit Ihrer Arbeitseinstellung zu finden. Ich wünsche Ihnen für die kommende Zeit alles Gute und schaffen Sie es weiterhin, gänzlich ohne Strafmandate durch die Gegend zu düsen, was mir bei weitem nicht ständig gelingt, obwohl ich viel weniger fahre als Sie!"*

Damit war Thomas für vierzehn Minuten ein freier Mann, denn genau so lange dauerte es, bis er im Büro der Bäckereikette seinen neuen Arbeitsvertrag unterschrieb und zu hören bekam, dass er sofort losfahren könne; er müsse im Wagen lediglich noch Staub saugen, ihn volltanken sowie Öl, Wasser und Luft nachsehen. Den „Fahrplan" bekam er sogleich in die Hand. Weil er ja bereits gute Ortskenntnisse habe, müsse er bis achtzehn Uhr alles geschafft haben. Die Zeit reichte noch für die Anmeldung an der Volkshochschule und den Erwerb der erforderlichen Lernunterlagen.

Die Arbeit hatte gegenüber seiner vorigen einige Nachteile, aber auch manche Vorteile: Das Reinigen des Fahrzeugs erwies sich als wesentlich aufwendiger, denn oft schien es, als ob die gesamte Salzladung eines vollen Brezelkorbes im Wageninneren zu finden sei und ebenso die halb offenen Krapfenkartons zeigten sich als richtige Puderzuckerschleudern, deren Rückstände dann wirklich in jedem Winkel auftauchten. Bereits zweimal hatte

Thomas die Aluminiumleiste an der breiten Ladetür vorsichtig abschrauben müssen, um die Reste des feinen Zuckers wirksam absaugen zu können. Die Fahrten verliefen meist im Ortsinnern, so dass die beliebten Überlandstrecken die absolute Ausnahme darstellten. Als unschätzbarer Vorteil erwiesen sich dagegen die vielen süßen Bäckereiprodukte, die Thomas jeden Abend mit nach Hause nehmen durfte; dabei handelte es sich um tadellose Ware, die lediglich irgendwo Bruchspuren aufwies, also nicht mehr als optischer Publikumsmagnet dienen konnte. Das war übrigens auch die ständige Devise des obersten Chefs, den Thomas nach seiner ersten Arbeitswoche persönlich kennenlernte und der ihn kurz begrüßte: *„Bei uns muss jede einzelne Semmel so appetitlich aussehen, dass sie ein Publikumsmagnet ist. Die Summe von all diesen Magnetkräften hält uns die Kunden fest und darf sie nie mehr loslassen!"*

Nach meist guten sieben Stunden im Straßenverkehr, bei dem lediglich an roten Ampeln manchmal kurze Entspannungspausen möglich waren, begann gleichsam die zweite Schicht als Hörer in der Volkshochschule. Thomas wollte um jeden Preis etwas lernen, hatte in der Hauptschule immer ganz vorne mitgespielt und fühlte in sich eine schier unbegrenzte Kraft, die er auch brauchte, nämlich für die dritte Arbeitsschicht, die dann bis spät nachts daheim ablief und die Bearbeitung der von Woche zu Woche anspruchsvoller werdenden Hausaufgaben beinhaltete. Mathematik fiel ja dem erwachsenen Schüler nicht schwer, jedoch in den Fächern Englisch sowie Französisch musste man reihenweise Wörter lernen und sich auf Dauer merken. Thomas entwickelte dafür ein besonderes System:

Zunächst prägte er sich den Wortschatz ganz entspannt auf dem Sofa liegend laut ein und wenn er meinte, „fit" zu sein, wagte er sich an die selbst abgehaltene und nach strengsten Maßstäben überwachte „*Generalprobe*". Diese erstreckte sich stets über sämtliche zu wiederholenden Wörter und bestand aus insgesamt sieben Durchgängen: Zuerst wurde der Teil in fremder Sprache abgedeckt und Thomas musste die Wörter laut, schnell, vollständig und natürlich vollkommen fehlerfrei heruntersagen. War er damit durch, wurde der deutsche Teil zugedeckt und ebenso verfahren; dann wiederholte er die volle Prozedur noch einmal mit der fremdsprachlichen Spalte. Nach Ablauf dieser drei Arbeitsschritte ging es an den Esstisch, der Bereich in fremder Sprache wurde durch einen Block überdeckt und Thomas schrieb Wort für Wort auf, ohne es vor dem Vergleich mit dem Gedruckten zu sehen. Anschließend folgte noch eine Wiederholung der Durchgänge eins, zwei und drei. War ein einziges Wort nicht sofort „*da*", in irgendeiner Weise unvollständig oder gar falsch, hatte die *gesamte* Generalprobe erneut zu erfolgen, bis der „Prüfungsvorstand" – also er selbst – sie abnehmen konnte. Dabei ging Thomas wirklich absolut streng mit sich um und duldete keinerlei „Unsauberkeiten". Dank seines guten Gesundheitszustands schaffte er es am nächsten Tag, der allerdings manchmal bereits derselbe war, an dem die häusliche Vorbereitung abgeschlossen wurde, pünktlich mit dem Weckerschlag aus dem Bett zu springen, denn in einem Bäckereibetrieb muss der Morgen immer sehr früh begonnen werden.

Nach ein paar Wochen hatten sich die Reihen im Unterrichtsraum der Volkshochschule schon recht deutlich gelichtet, denn zahlreichen Interessenten, die nur so nebenbei ein bisschen Bildung schöpfen wollten oder vermuteten, das Abitur bekomme man hauptsächlich dadurch, dass die moderaten Gebühren entrichtet worden seien, war das ausgiebige Arbeiten daheim auf die Dauer zu mühsam geworden und sie gingen lieber ihren von jeher vertrauten Freizeitaktivitäten nach. Den Lehrkräften, die durch lange Erfahrung auch schon einen gewissen Blick für all ihre „Pappenheimer" entwickelt hatten, fiel Thomas allmählich auf und die einstimmige Meinung lautete: *„Dieser Gehrcke ist sicher nicht dumm und er nutzt buchstäblich jede Chance, die sich ihm bietet. Hoffentlich hält der das bis zum Schluss durch. So jemanden soll man nach allen Möglichkeiten fördern, denn der verdient es nun wirklich."*

Thomas zog seine Sache, in die er sich nun einmal verbissen hatte, mit aller Energie durch und machte gleichzeitig für die Bäckereien einen guten Job. Die Lieferungen waren pünktlich und stimmten immer. Strafmandate wegen falschen oder zu schnellen Fahrens trudelten der Sekretärin niemals auf den Schreibtisch und die ihm anvertrauten Fahrzeuge kamen turnusmäßig zur Wartung; dabei waren sie nach jeder Reinigung am Ende einer Tour so sauber, dass eine Maus kaum freiwillig hineingesprungen wäre, da die Aussicht auf wohlschmeckende Kuchenkrümel bei nahezu null lag.

Die Phase der großen Schulferien war gekommen und die Volkshochschule legte ebenso eine Sommerpause ein, so dass die Schüler, die bis jetzt „eisern" an ihrem Ziel festgehalten hatten, auch ein wenig verschnaufen konnten. Wir Menschen neigen dazu, immer wieder dieselben Fehler zu machen oder zumindest unser Verhalten oft nur ganz schwer den möglicherweise im Laufe der Zeit gewandelten Umständen anzupassen. Hierbei bildete auch Thomas keine Ausnahme und legte somit – vielleicht vollkommen unbewusst – eine Wiederholung seines damals bei jener Carmen Neuhaus so missglückten Anlaufs hin: In einer Filiale bediente die Erna, eine bereits ein wenig mollig werdende Verkäuferin von gerade einmal achtzehn Jahren, der anscheinend ständig zum Lachen zumute war. Für Thomas schien sie sogar tatsächlich etwas übrig zu haben, denn er wurde bei seinen Lieferungen stets wie ein lieber Vertrauter empfangen, auf den sie bereits sehnlichst gewartet habe. So zog er noch einmal fast dieselbe Nummer mit den zwei Karten für das Volksfest in einem Vorort ab, welche bei Carmen zu dieser immer noch nicht ganz überwundenen Abfuhr geführt hatte. Nochmals die Stellung wechseln konnte er nicht, außerdem war seine Probezeit längst abgelaufen und er hätte als Arbeitnehmer mindestens die Kündigungsfrist von einem Monat einhalten müssen.

Thomas' Gedanken spielten allerdings nur bis zu der Einladung, die dann ganz anders verlief als bei jener steifen Bürodame vor ein paar Monaten: Erna strahlte ihn an, jubelte fast und stieß ein *„Ei freili', des mach' mal!*[36]" aus. Sie war so vollkommen unkompliziert und wollte einfach nur ihr junges Leben genießen. Dabei schien sie für alles offen zu sein und man spürte förmlich die ganze Lebensfreude, welche sie regelrecht in sämtliche Richtungen versprühte. Das Volksfest wurde für beide ein Riesenspaß und es folgten noch einige gemeinsame Unternehmungen, bei denen jedes Mal die Zeit wie im Fluge verging. Allmählich musste Tho-

---

[36] *„Ja bestimmt, das machen wir!*"

mas ein wenig bremsen, weil bei seinem Ziel, das er sich gesteckt hatte, so viele Pausen überhaupt nicht einkalkuliert waren und er sich für das nächste Jahr an der Volkshochschule intensiv vorbereiten wollte. Als er Erna von seinem Vorhaben erzählte, meinte diese in ihrer frischen und direkten Art: *„Wannst' moanst, aba glabst du, dass der Lieferwag'n a bisserl anders fahrn tut, wann ean oana schofiert, der wo Abitur hod?*[37]*"* Sie schätzte ihren Freund sehr und dachte sich: *„Is hoit a Mannsbuid und des hod so seine Marott'n.*[38]*"* Thomas schaffte es, alles „unter einen Hut" zu bekommen, verrichtete korrekt seine Arbeit, lernte vorbildlich und fand außerdem noch ab und zu Zeit für Erna, die ihn jedoch nicht mit ständigem Beschlag belegte, sondern ihm stets seine Freiheiten ließ, denn sie ahnte, dass Thomas in der Freizeit *tatsächlich* lernte – wozu das gut sein sollte, war ihr allerdings unklar.

Bei einem derart kontinuierlichen Fleiß konnte der Erfolg schließlich nicht ausbleiben und so erhielt der ehemalige Hauptschulabsolvent und derzeitige Lieferwagenfahrer zum planmäßigen Zeitpunkt das begehrte Abiturzeugnis, mit dem er nun freie Bahn für ein Fachhochschul- oder sogar Universitätsstudium eigener Wahl hatte. Seine absolute Traumvorstellung war es nach wie vor, sich irgendwann als Informatiker mit Universitätsdiplom erneut bei *Hartmann Logistics* vorzustellen und dort selbstbewusst nach einer Anstellung zu fragen. Es ging

---

[37] *„Wenn du meinst, aber glaubst du, dass der Lieferwagen ein klein wenig anders fährt, wenn ihn jemand lenkt, der das Abitur hat?"*

[38] *„Er ist eben ein Mann und hat als solcher nun einmal seine besonderen Eigenheiten."*

ihm dabei gar nicht um „seine" frühere Carmen, die vielleicht inzwischen aus der Firma ausgeschieden war und die ihm schon lange nicht mehr durch die Gedanken lief, seitdem er Erna näher kannte, sondern einfach nur um eine nach subjektivem Gefühl noch offene Rechnung, ohne die seine innere Bilanz nicht ausgeglichen war. Er wollte das unbedingt, ja er *musste* es einfach schaffen. So konnte er nur kurz die Gratulation der Lehrer entgegennehmen, welche ihm allesamt ihre Anerkennung für seinen bewundernswerten Fleiß aussprachen und nicht ohne einen gewissen Berufsstolz äußerten: *„Man sieht doch, über die Volkshochschule ist so gut wie alles möglich, wenn einer nur will."* Erna war zu der feierlichen Zeugnisübergabe überhaupt nicht mitgekommen, weil sie ihrem Thomas zwar die offensichtliche Freude über seinen Erfolg gönnte, aber eigentlich nach wie vor nicht nachvollziehen konnte, weshalb ein Bogen bedrucktes Papier so wichtig sein sollte, dass man dafür Jahre lang die gesamte Freizeit opferte und vom Leben so gut wie überhaupt nichts hatte.

So betrachtete Thomas seine Hochschulreife auch keineswegs als endlich erreichtes Ziel, sondern eigentlich nur als eine Art Zwischenstation auf dem Weg zum Studienabschluss, den er nun mehr als alles andere begehrte. Man konnte sein Abitur mit dem Tankstopp auf einem Interkontinentalflug vergleichen – für die Weiterreise unbedingt notwendig, jedoch ansonsten nicht weiter von Bedeutung. Zum ausgelassenen Feiern sah er somit überhaupt keinen Anlass, sondern scannte sein beinahe noch druckwarmes Zeugnis daheim sorgfältig ein, um es dem elektronischen Antrag auf einen Studienplatz in Informatik an der Universität beizugeben, die es an seinem Wohnort glücklicherweise gab und an der er schon manchmal voller Achtung vorbeige-fahren war. Nun hatte sich dieses ehrwürdige Ge-bäude für ihn von dem bislang so unendlich fernen Wunschtraum zu einer konkret greifbaren Realität gewandelt – mit neuen Herausforderungen auf bis-lang unbekanntem Terrain. Dabei war sich Tho-mas durchaus darüber im Klaren, dass ein Antrag auf einen Studienplatz am Heimatort noch längst keine Garantie dafür bedeutete, diesen auch wirk-lich zugewiesen zu bekommen. Seine allgemeine Hochschulreife bestand durchwegs aus guten No-ten und als Absolvent auf dem zweiten Bildungs-weg erhielt er sogar noch einen kleinen Bonus, der ihn nun auf gleiche Stufe mit Konkurrenten stellte, die ein wirklich exzellentes Abitur in die Waagscha-le werfen konnten, aber es war durchaus denkbar, dass er vielleicht nur in einer fünfhundert Kilometer entfernten Stadt einen Universitätsplatz zugeteilt bekam und dann die Tätigkeit bei der Bäckereiket-te nicht mehr auszuüben wäre.

Seine Wünsche gingen in Erfüllung und die so er-sehnte schriftliche Bestätigung für den Studienbe-ginn zum nächsten Wintersemester flatterte pünkt-lich ins Haus. Thomas besorgte sich noch ein paar fehlende Unterlagen sowie die wichtigsten Bücher für das Grundsemester und las sich in die Materie ein. Bis zum ersten Tag blieben bloß knappe drei Wochen und Erna begriff erst in Etappen, dass ihr Thomas offenbar noch immer nicht genug gelernt hatte. Im ihrem Innern schüttelte sie über ihn den Kopf und befürchtete einmal sogar, er sei von ir-gendeiner nicht weiter zu klassifizierenden „Lern-sucht" besessen. Der „Beinahe-Student" richtete daraufhin noch etwas mehr Zeit für seine Freundin und Gefährtin ein, die sich ihm gegenüber immer so verständnisvoll zeigte, obwohl ihr ein Identifizieren mit all seinen Zielen beim besten Willen nicht möglich war. Die beiden unternahmen in der knappen Zeitspanne zwischen bestandenem Abitur und dem Vorlesungsbeginn die eine oder andere Zerstreuung, die auch Thomas Spaß machte. Die so offene Lebensfreude, die seine Partnerin ständig ausstrahlte, tat ihm gut und er spürte, dass er fest zu ihr gehörte, obwohl die beiden jungen Leute eigentlich von der Art her grundverschieden waren.

Die Vorlesungen begannen und Thomas erkannte in dem Universitätsbetrieb einen ausgesprochenen Fulltimejob, bei dem es geradezu unmöglich erschien, noch nebenbei seine tägliche Tour für die Bäckereikette zu fahren. Manchmal blickte er während der Vorlesungspausen kurz auf die Kommilitonen und versuchte zu ergründen, ob diese tatsächlich auffallend jünger aussahen als er oder ob die paar Jahre, die er älter war, optisch eher nicht so viel ausmachten; er gelangte zu dem Resultat, vom Alter her keinen statistischen Ausreißer zu bilden. Einmal geriet er mit zwei anderen Studenten ins Gespräch und berichtete dabei kurz von seinem Werdegang, der bei diesen ziemliche Achtung auslöste. Einer sagte: *„Den Job als Fahrer wirst Du während des Studiums nicht durchhalten können, aber wieso beantragst Du denn eigentlich kein BAföG[39]?"* Thomas hatte davon bereits erfahren, der Ehrgeiz verlangte jedoch von ihm, seinen Weg ohne Hilfe durch den Staat zu meistern. Als die Kom-

---

[39] BAföG bedeutet eine finanzielle Hilfe aufgrund des **B**undes**a**usbildungs**fö**rderungs**g**esetzes, die im Anschluss an den staatlich geförderten Ausbildungsabschnitt zum großen Teil zurückgezahlt werden muss.

militonen meinten, dass er doch als Berufskraftfah-
rer bereits seit Jahren seine Steuern entrichte und
sich damit den Anspruch im Grunde schon mehr
als selber verdient habe, überdachte er die Situation noch einmal.

Ein neuer „Seitenwind", wie Thomas als hauptbe-
ruflicher Autofahrer unvorhergesehene Informationen immer nannte, blies bei seinem nächsten Treffen mit Erna auf ihn ein, als ihm diese ohne jede
Umschweife erklärte, dass aufgrund der ein wenig
großzügigeren Zeit, die er vor Beginn des Semes-
ters mit ihr verbracht habe, nun Nachwuchs unter-
wegs sei. Thomas war von brennender Freude und
gleichzeitig tiefer Sorge ergriffen; mit dieser Nach-
richt hatte er nun wirklich (noch) nicht gerechnet.
Erna zeigte ihm kurz den Befund des Frauenarztes
und schlug eine zeitnahe Heirat vor, die Thomas
ebenfalls als nun angebrachten Schritt betrachtete,
wodurch zwischen beiden die *Verlobung* besiegelt
war. Er beantragte besagte Ausbildungsförderung,
kündigte mit schwerem Herzen die Stellung bei der
Bäckereikette, woraufhin er gleich freigestellt wurde, und hielt Ausschau nach einer kleinen sowie
halbwegs bezahlbaren Wohnung, wobei Ernas Eltern behilflich waren, die er nun erst bewusst kennenlernte. Seine realistisch denkende Lebenspart-
nerin hatte schon errechnet, dass sie noch ziemlich genau fünf Monate lang ihre Brote verkaufen
konnte und in dieser Zeit die Hochzeit stattfinden
solle. Thomas widersprach nicht, ordnete die Pa-
piere und empfand neben väterlicher Vorfreude vor
allem Schuldgefühle, weil er dieses Mal nicht nach
seiner bewährten Manie *„Schritt für Schritt"* vorge-
gangen war und somit glaubte, gleichsam aus dem
Takt geraten zu sein, in den er sich so schnell wie

möglich wieder hineinfinden wollte. Thomas' Eltern zeigten sich eigentlich wenig beglückt. Der Vater stöhnte: *„Bua, wos machst bloß für Sach'n?*[40]*"*
Die Mutter stieß darauf einen leichten Seufzer aus und schwieg ansonsten.

Die Hochzeit fand im engsten Familienkreis statt; als Feier konnte man das eigentlich noch nicht bezeichnen. Erna wirkte vergnügt und zeigte jedem stolz die Ultraschallbilder, die verrieten, dass eine kleine Tochter auf dem Weg war. Thomas konnte beim besten Willen nichts auf den Fotos erkennen, was nach einem Mädchen aussehen sollte, aber er stimmte in die allgemeine frohe Erwartung mit ein, bis ihn die Sorgen um die Zukunft wieder einholten. Die rasche Eheschließung wirkte beinahe wie ein Folgeschritt zu dem erst vor ein paar Monaten bestandenen Abitur; zum Feiern oder gar Genießen blieb keine Zeit: Nach dem Besuch auf dem Standesamt und den anschließenden liebevollen Worten des Gemeindepfarrers war schon wieder Lernen angesagt, denn die Übungsblätter wurden Woche für Woche schonungslos ausgeteilt und deren Bearbeitung zog sich meistens über die halbe Nacht hin. Es *musste* sein, denn in den Vorlesungen war oft genug vor einem zu lockeren Umgang mit dem *„geistigen Training"* gewarnt worden, der nämlich zur erbarmungslosen Exmatrikulation nach dem Versagen in der zweiten Wiederholungsprüfung führen würde. Thomas gab sein Bestes und Erna tolerierte weiterhin den ganzen Fleiß. Einmal schüttete sie jedoch einer ihrer Schulfreundinnen das Herz aus, die mittlerweile ebenfalls verheiratet, aber leider ausgesprochen unglücklich war: *„Was, der deine macht Weiterbildung und will später wirt-*

---

[40] *„Junge, was machst Du bloß für Sachen?"*

schaftlich gut dastehen? Der meine versäuft das Wenige, was er verdient. Dann hast doch Du mit deinem Thomas echt das große Los gezogen. Der stinkt auch nicht so ekelhaft nach Alkohol und es geht bei euch langsam aber sicher aufwärts, während es bei uns eher in die andere Richtung läuft. Ich weiß nicht, wie lange ich das noch mitmache." Jene Worte bauten Erna innerlich auf, ohne dass man dies äußerlich erkennen konnte. Ihr Thomas war doch eigentlich gar nicht so übel und sie empfand in diesem Moment sogar tiefe Hochachtung vor ihm.

Während manche werdenden Eltern ganze Bücher durcharbeiten, um den richtigen Vornamen für ihr erstes Kind auszusuchen, ging das bei der „Beinahe-Familie" Gehrcke vergleichsweise einfach: „Emma wie mei' Oma[41]" schlug Erna vor und Thomas war es recht, was in seiner jungen Frau einen kurzen Glücksschub auslöste, weil er keine Alternative vorschlug und die Angelegenheit wieder einmal ohne jede Meinungsverschiedenheit beigelegt werden konnte. Thomas machte ein interessiertes Gesicht, schwebte jedoch innerlich in seinen mathematischen Höhenflügen, indem er sich förmlich in den Institutscomputer hinein versetzte und zu begreifen suchte, wie diese Maschine „dachte", weil die am vergangenen Nachmittag mit vollem Optimismus entwickelte Prozedur einfach nicht so laufen wollte, wie er es geplant hatte. Als Erna dann einmal Thomas' Lernunterlagen überflog und ergründen wollte, worüber ihr Mann eigentlich „brütete", musste sie schnell laut auflachen und rief aus: „Des ko dir doch gar koa Freid mocha. Da zähl' i liaba meine Semmen. – Des is oiwai scho' schwar

---

[41] „Emma wie meine Großmutter"

g'nua.[42]" Sie schüttelte nun auch äußerlich mit dem Kopf und stellte sich vor, wie schön es war, dass ihr Thomas nie apathisch im Sofa saß und vor allem nicht nach Bier stank wie der Ehemann jener Freundin; was hatte sie es doch gut!

Emma kam gesund zur Welt und Erna bald wieder zu Kräften, während Thomas ihr soweit zur Hand ging, wie er es neben seinen Verpflichtungen nur konnte. Ansonsten lernte er wie besessen, denn er war ja nun schließlich für drei Menschen verantwortlich und keineswegs mehr nur für sich alleine. Die tägliche Bearbeitung aller Übungsblätter nahm er sehr ernst, denn er konnte die Sorte von Kommilitonen nicht verstehen, die diese lediglich abhefteten und dann eine Woche später das ausgeteilte Lösungsblatt dazu legten – als ob dadurch schon irgendetwas in den eigenen Kopf diffundieren würde. Genau solchen Studenten verdankte man es allerdings, dass die anfänglich relativ enge Sitzposition in den Hörsälen im Laufe der Zeit immer bequemer wurde...

Die Zeit verstrich, Emma wuchs heran, Erna verkaufte fleißig die Backwaren und man sah ihr überhaupt nicht an, dass sie erst vor kurzem Mutter geworden war. Die jeden Tag heitere und zu jedem freundliche Art ließ niemanden vermuten, dass sie sich doch daheim ziemlich einschränken musste. Thomas zog sein Studium weiter durch und kletterte Sprosse für Sprosse die lange Leiter empor, an deren Ende – mittlerweile überhaupt nicht mehr so verschwommen und quasi im dichten Nebel einer ganz und gar ungewissen Zukunft – das ersehnte

---

[42] *„Das kann dir doch gar keine Freude machen. Da zähle ich lieber meine Semmeln. Das ist immer schon schwer genug.*"

Diplom wartete. Er meisterte Prüfung für Prüfung und bewahrte sich dabei stets genug Spielraum, so dass es zu einer Wiederholung nie kam. Was er anpackte, hatte er genau im Griff und das wurde von ihm unbeirrt verfolgt. An Emmas erstem Schultag saß Thomas fleißig bei seiner Diplomarbeit und rundete den wilden Haufen abstrakter Gedanken zu wohlgeformten Sätzen. Inzwischen war die Sorge nicht mehr, ob er all das schaffen würde, sondern immer häufiger, *mit welcher Abschlussnote* er bestehen könne. Nebenbei begleitete er seine kleine Tochter durch das Labyrinth der Schule, in der es ständig neue Reformen gab, mit denen das Kultusministerium seine immerwährende Präsenz unter Beweis stellte und die den Eltern aller Grundschüler manchmal ein arges Kopfzerbrechen abverlangten. Er versuchte, sein Kind bestmöglich zu fördern, damit es in knapp vier Jahren den Übertritt an das Gymnasium so problemlos schaffen werde, wie er diesen damals hätte durchziehen können; er würde Emma als Vater ganz bestimmt nicht dabei im Wege stehen. Sie war ein aufgewecktes Mädchen und interessierte sich für fast alles, was nicht gerade mit der Schule in Zusammenhang stand. Als schwierig erwies sich der starke Dialekt, welchen die Mutter immer sprach und der im Schulbetrieb oft ein hartes Umdenken verlangte, das Emma die Formulierung der zunächst noch einfachen Sätze fast wie das vorgezogene Eintauchen in eine Fremdsprache erscheinen ließ. Thomas tröstete sich damit, dass Kinder von Eltern verschiedener Nationalität es sogar als Glück betrachten könnten, durch solch einen günstigen Umstand zweisprachig aufzuwachsen; dann dürfte doch eine oft nach Mundart sprechende Mutter kein solches Problem darstellen, aber es gibt nicht umsonst den Begriff

„*Muttersprache*" und die Art, in der die eigene Mutter während der ersten Lebensmonate mit ihrem Kind kommuniziert, ist doch prägender, als man es sich zunächst vorstellen kann. Wenn man dann als Sechsjährige zu Hause von „*Muich*" hört, während dies in der Schule „Milch" heißt, ist die Umstellung kaum leichter, als würde daheim von "*milk*" gesprochen.

Beim täglichen Schulbesuch gab es natürlich auch Anziehungspunkte, nämlich die vielen Freundinnen und was diese jeden Tag an hatten. Manchmal war Emma traurig, weil sie in puncto Kleider nicht in allen Bereichen mitziehen konnte, denn bei der jungen Familie Gehrcke hing der Brotkorb stets ziemlich hoch und es blieb kein Spielraum für modische oder sonstige Nebensächlichkeiten, die wie auch immer die Lebensqualität tatsächlich oder scheinbar verbessern könnten.

Eines Tages war es dann so weit: Thomas durfte sich „*Diplominformatiker*" nennen und sein Zeugnis im Sekretariat der Universität abholen. Die Ergebnisse ließen sich allesamt als absolut vorzeigbar bezeichnen und einer Bewerbung bei einer soliden Firma schien somit nichts mehr im Wege zu stehen. Wie damals bei dem Wechsel zum Bäckereibetrieb war in seinem Kopf verankert, dass die erste – und hoffentlich einzige – Vorstellung bei *Hartmann Logistics* erfolgen sollte.

Er druckte den in seinem Notebook wartenden Lebenslauf aus, nachdem er ihn um den jüngst hinzugekommenen Punkt ergänzt hatte, steckte sämtliche Unterlagen sorgfältig in eine saubere Mappe und suchte tags darauf die ihm noch gut bekannte Personalabteilung der Firma auf. Dort traf er nicht mehr den manchmal schweigsamen und ein andermal redseligen Kollegen an, sondern ihm begegnete eine schon ein wenig ältere „Personaltante", der es gar nicht recht zu sein schien, dass sie jemand bei ihren Routinearbeiten störte. Als Thomas erklärte, dass es sich um eine Initiativbewerbung im Hause *Hartmann Logistics* handele und er bereits einmal kurz da gearbeitet habe, öffnete sie die entsprechende Personalliste am Computer und schüttelte abweisend mit dem Kopf. Der barsche Kommentar war nur: *„Ihren Namen kann ich in unserer Firma nicht finden."* Als Thomas den exakten Zeitraum und seine damalige Funktion nannte, öffnete die gewichtige Dame eine weitere Datei, die angeblich bereits zur Ablage gehörte, und äußerte dann: *„Ja, Sie waren tatsächlich einmal ganz kurz bei uns, haben im einfachen Fahrdienst gearbeitet und sind dann innerhalb der Probezeit schon wieder davongegangen – und was soll das jetzt hier werden?"* Thomas erklärte, dass er nun Diplominformatiker sei und sehr gerne in der Softwareentwicklung von *Hartmann Logistics* anfangen würde. Er zählte die Programmiersprachen auf, in denen bereits praktische Erfahrung vorliege, wobei er bereitwillig von den Aufgaben berichtete, die sich mit diesen Sprachen schon bewältigen ließen; schließlich wies er darauf hin, dass bei seiner Abschlussarbeit an der Universität vor allem C^{++}[43] angewendet worden sei. Er konnte die Ausführungen kaum zu Ende formulieren, als seine Gesprächspartnerin

---

[43] C^{++} ist eine strukturierte Programmiersprache, die einerseits maschinennah ausgelegt ist, aber gleichzeitig ein hohes Abstraktionsniveau besitzt. Sie ermöglicht aufgrund ihrer sehr wirtschaftlichen Struktur einen sparsamen Umgang mit Speicherplatz und Rechenzeit. Der Einsatz für beinahe alle wissenschaftlichen Anwendungsbereiche ist prinzipiell möglich.

ihm bereits Einhalt gebot und unwirsch sagte: *„In-*
formatiker stellen wir jetzt gar keine mehr ein. Das
'Outsourcing[44]*' unserer meisten Arbeiten nach In-*
dien hat schon vor ein paar Jahren begonnen und
wir müssen schauen, dass wir einen Großteil unse-
rer hiesigen Entwickler loswerden, weil uns die ein-
fach zu teuer sind. Software lässt sich heute mü-
helos über unsere Kommunikationsanlagen trans-
portieren und in Indien bekommen wir vier fähige
Leute zu dem Preis, den uns hier schon einer kos-
tet – und wenn der dann nichts taugt, können wir
zusehen, wie wir uns von dem wieder trennen."
Als Thomas bereits merkte, dass seine Handflä-
chen vor Aufregung und Bestürzung zu schwitzen
begannen und er wohl bestimmt einen sichtlich ge-
schockten und tief enttäuschten Gesichtsausdruck
zeigte, in dem die soeben noch dominierende Vorfreude und Zuversicht während der letzten Minuten
gänzlich erloschen war, bekam er seinen zweiten
Schlag: *„Auch in unserer Fahrbereitschaft können*
wir niemanden mehr brauchen, weil es immer we-
niger zu transportieren gibt. Wir wären ja schließ-
lich blöd, wenn wir jetzt noch Leute einstellen wür-
den, die wir dann nicht mehr abschütteln können,
wenn es die autonomen Fahrzeuge gibt, mit denen
wir in den nächsten Jahren rechnen." Dieses ständige *„Wir"* regte Thomas auf, weil sich da eine Mitarbeiterin von *"Human Resources*[45]*"* anmaßte, sich

---

[44] *Outsourcing* (Auslagerung) ist mittlerweile ein gängi-
ger Begriff in der Industrie und bedeutet, dass man
Arbeitsabläufe in das kostengünstigere Ausland ver-
legt.

[45] *Human Resources* (menschliche Produktionsmittel)
wird heute in der global agierenden Wirtschaft oft für
den Begriff „Personalabteilung" verwendet.

so aufzuspielen, als würde ihr gleichsam die Firma
gehören und jede bedeutende Entscheidung ausschließlich über ihren Schreibtisch laufen, wobei
es natürlich in erster Linie auf ihr Urteil ankomme.

Als sie sich mit gespielter Freundlichkeit und bereits leicht gehetzt wirkender Gestik erkundigte, ob
weitere Fragen vorlägen, konnte sich Thomas nur
noch förmlich verabschieden und umdrehen.
In nicht einmal einer Viertelstunde war eine Hoffnung zerplatzt, für die er Jahre lang bis zur Grenze
der Erschöpfung gearbeitet und die bei sämtlichen
Schwierigkeiten seinen inneren Halt bedeutet hat-

te, weil man sich an sie klammern und daraus den dringend benötigten immer wieder neuen Mut zum Weitermachen schöpfen konnte. Er hätte laut losweinen können. Was würde seine Erna dazu sagen, die nie wirklich verstehen konnte, warum er all diese Mühen auf sich nahm, und die er auch irgendwie mit in die ganze Angelegenheit hineingezogen hatte, weil sie doch zahlreiche Entbehrungen hinnehmen und oft genug auf die Hilfe von ihrem Mann verzichten musste? Er wollte noch nicht aufgeben und dachte, dass sein spontanes Vorsprechen bei der früheren Firma vielleicht doch ein wenig übereilt gewesen sei. So nahm er sich vor, zuerst einmal die Stellenangebote einiger Betriebe in der näheren Umgebung zu studieren. Über deren jeweilige Homepage im Internet war sofort zu erkennen, welche Firma derzeit Bedarf an Informatikern haben könnte. Die Suche kam eher schwer in die Gänge und so erschien eine erneute Initiativbewerbung vielleicht doch der geeignetere Weg zum Erfolg zu sein. Ja, es gab noch einen Betrieb vor Ort, der unterschiedliche Softwareprodukte auf dem Kommunikationssektor entwickelte und für jemanden wie Thomas doch eigentlich Verwendung haben müsste. Das Anschreiben wurde mit großer Sorgfalt verfasst und die Kopien sämtlicher Dokumente übersichtlich in einem kleinen Ordner verstaut. In der erwarteten Reihenfolge – vom Aktuellen zum früher passierten – lag unter dem Universitätsdiplom mit dem Abschlusszeugnis das Vordiplom; darunter fand sich das äußerst positiv zu lesende Zeugnis der Bäckereigruppe, dann folgte das auf dem zweiten Bildungsweg erworbene Abitur und ganz unten letztendlich das hervorragende Zertifikat über jenen Qualifizierten Hauptschulabschluss, mit dem alles angefangen hatte. Das Begleitschreiben wurde mit einer teuren sowie eigens in einem Studio aufgenommenen und damit auch perfekten Fotografie ergänzt. Thomas drückte in dem Text sein Interesse an dem Unternehmen aus und wies dezent darauf hin, dass er bereits gewisse Kenntnisse über deren Wirken vorweisen konnte. Er hatte sich den kurzen Schriftsatz immer wieder durchgelesen und so lange daran gefeilt, bis dieser als Muster bei der Agentur für Arbeit hätte ausgehängt werden können. Schließlich fuhr er hin und gab das korrekt adressierte hellbraune Kuvert, das keinen einzigen Knick aufwies, persönlich an der Pforte ab; damit ersparte er sich die bei dieser Briefgröße nicht unerheblichen Portokosten – und einen Tag Zeit.

Die Antwort kam fast rascher als erwartet und begann mit der Mahnung, es sollen doch bitte keine Unterlagen mehr in Papierform versandt werden, weil deren Rücksendung unnötige Zeit in Anspruch nehme und dadurch nur Kosten verursache. Der elektronische Weg an die Kontaktadresse auf der Homepage sei heute üblich und solle auch genutzt werden. Die eigentliche Antwort fiel dagegen bedenklich kurz aus: Man bedankte sich für das Interesse an der Firma und erklärte, dass zum einen gerade Einstellungstopp bestehe und ansonsten als Berufsanfänger eher Bewerber bevorzugt würden, die ihre Qualifikation auf dem direkten Weg erworben hätten und damit im Durchschnitt auch noch etwas jünger seien. Das hieß, dass man Thomas sein schier unermüdliches Engagement – zuerst an der Volkshochschule und dann auf der Universität – nun auch noch als Makel auslegte, obwohl die gesamte Aktion wie ein Klimmzug gewesen war: Befindet sich jemand mit durchgedrückten Armen am Reck, ist es relativ leicht, sich dort eine Weile oben zu halten. Baumelt man dagegen unterhalb der Stange und kann sich gerade noch mit den Händen dort festhalten, bedeutet das Hinaufziehen aus jener Position in die erste Stellung eine ungeheure Anstrengung. Genau diesen Kraftakt hatte Thomas mit fast unbegrenztem Einsatz sowie seinem „eisernen" Willen durchgezogen und erhielt nun sogar Vorwürfe dafür, die eine aalglatte Formulierung aufwiesen, jedoch gerade deshalb umso mehr quälten. Er war am Verzweifeln. Erna mochte er gar nicht mit der Sache belasten, weil sie für seinen ganzen langen Weg, einer einzigen Durststrecke, die nur durch die vage Hoffnung auf bessere Chancen für das zunächst ganz und gar ferne Ziel gerade einigermaßen zu verkraften gewesen war, schon genug Opfer hatte aufbringen müssen. Der lange und extrem steinige Weg zeigte sich nun am Ende auch noch versperrt. Die erzwungene Untätigkeit belastete Thomas seelisch stark und er suchte jetzt sogar außerhalb der heimatlichen Region nach beruflichen Entfaltungsmöglichkeiten. Als schließlich alles erfolglos blieb, rief er im Sekretariat der Bäckereikette an, wo man den Namen „Gehrcke" auch noch nach so langer Zeit kannte und sich gerne an seine Zuverlässigkeit verbunden mit der stets gleichmäßig freundlichen Art allen anderen gegenüber erinnerte. Bei einem kurzen Gespräch mit der früheren Kollegin musste er erfahren, dass man mittlerweile von den angestellten Fahrern auf Leiharbeitskräfte umgestiegen sei, weil durch die Personalvermittlungsfirma sofort Ersatz zu bekommen wäre, wenn jemand wegen Krankheit oder Urlaub ausfalle; dieser Betrieb übernehme außerdem die ganzen Verwaltungsarbeiten im Personalbereich. Die Sekretärin nannte bereitwillig den Namen der Leiharbeitsfirma und deutete an, dass nur noch über diese eine befristete Beschäftigung für die Bäckereifilialen möglich sei. In seiner Not wendete sich Thomas an jene Stelle und unterzeichnete resigniert so einen Arbeitsvertrag – nicht etwa als Informatiker, sondern abermals als ganz einfacher Kraftfahrer. Zwei Wochen später fuhr er wieder, allerdings zunächst nicht für die Bäckereigruppe, sondern einen Baumarkt. Die Arbeit, bei der häufig schwere Gegenstände verladen werden mussten, erwies sich als ausgesprochen hart und anstrengend. Die Bezahlung blieb trotz einer inzwischen erfolgten leichten Geldentwertung auffallend spürbar unterhalb dessen, was die Fahrerei früher eingebracht hatte. Zudem war dieser Job auf gerade einmal zwölf Monate befristet. Nach deren Ablauf führte der Weg zur Arbeitsagentur, wo es für Thomas wieder nicht die ersehnte Festanstellung gab, sondern ihm lediglich ein Antragsformular auf *„Arbeitslosengeld I"* ausgehändigt wurde. Die freundliche Sachbearbeiterin erklärte, die Unterstützung werde nicht allzu hoch ausfallen, da zwar die Anwartschaftszeit von einem Jahr gerade erfüllt sei, jedoch aufgrund der lediglich ziemlich geringen Einkünfte entsprechend niedrige Einzahlungen in die Arbeitslosenversicherung erfolgt seien, aber der zu Hartz IV noch fehlende Betrag würde ergänzt, so dass gegenüber *„Arbeitslosengeld II"* mit keinen Einbußen zu rechnen sei. Nun hatte sich die böse Vorahnung jenes Hauptschullehrers offenbar doch bewahrheitet!

Indes zeigte sich Emma immer als Sonnenschein der kleinen Familie. Der Übertritt an eine höhere Schule war wegen des weit verfehlten Notendurchschnitts nicht zustande gekommen, was die junge

Dame allerdings viel weniger störte als ihren Vater. All seine Mühe, sie zu fördern, verhallte gleichsam im Leeren und stieß im Grunde kaum auf Interesse, bis Erna plötzlich sagte, Thomas solle das arme Kind doch nicht so *„drangsalieren"*. Sie hatte dies auf gar keinen Fall böse gemeint, sondern in ihrer meist sehr direkten Art lediglich das ausgesprochen, was sie gerade dachte. Natürlich lag es Thomas absolut fern, für ihre geliebte Tochter irgendetwas anderes zu versuchen als das Allerbeste. Er konnte und wollte sie zu nichts drängen, was aus ihrem Naturell fiel. Der Interessenschwerpunkt verlagerte sich immer mehr in die Welt *äußerlicher* Bereicherungen des Lebens. Vielleicht würde sie später in der Modebranche Fuß fassen – aber allein mit einem gerade einmal knapp durchschnittlichen Hauptschulabschluss? Zudem war der enorm hohe Arbeitseinsatz des Vaters mit dem anschließenden Scheitern auch keine gute Reklame für ein besonders großes schulisches Engagement. Emma schaffte schließlich ihren Quali, wenn auch keineswegs mit derartigen Glanznoten wie seinerzeit Thomas, und begann ein paar Wochen später eine Ausbildung im Nagelstudio *„SensatioNail"*, wo es ihr ausgesprochen gut gefiel, weil sich das, was ihre geschickten Hände dort lernen mussten, in relativ engen Grenzen bewegte und es ihr Spaß machte, die in ihrer Vorstellung anfangs nichtssagenden Hände der Kundinnen oft nach dem eigenen Geschmack verschönern zu können. Außerdem liebte sie die ungezwungene Unterhaltung – besonders dann, wenn Mädchen erschienen, die in etwa noch in ihrem Alter waren und mit denen man während der Arbeit trotz des obligatorischen Atemschutzes ganz problemlos über alles plaudern konnte, was gerade wichtig und angesagt erschien. Die Chefin des Studios hatte nichts dagegen, weil sie in den Gesprächen praktizierte Kundenpflege sah, die für das Geschäft natürlich als absolut notwendig galt.

Thomas war von seiner Natur her alles andere als ein Nichtstuertyp. Es nervte ihn, herumsitzen und auf eine unbestimmte Chance warten zu müssen. Während einer erneuten arbeitslosen Phase machte er noch den Personenbeförderungsführerschein, so dass er wenigstens ins Taxigeschäft einsteigen konnte. Sicher stellte das keinen Traumjob dar und als der allerbeste Freund für das Auffinden neuer Fahrgäste galt immer der Zufall. So war der Umsatz manchmal höher und dann wieder niedriger, was für eine Familie mit einem noch in der Ausbildung befindlichen Kind keinesfalls ideale Voraussetzungen bedeutet, aber es rührte sich wenigstens etwas. Bald hatte Thomas die Zeiten herausgefunden, während denen sein Geschäft am besten florierte, und allmählich auch ein gewisses Gespür dafür entwickelt, welche Stadtteile anzufahren sind, wenn der Sitz neben ihm wieder einmal leer bleibt und das digitale Taxameter lediglich ein totes Display zeigt. So tröpfelten die Einkünfte selbst bei größter Mühe nur mäßig, aber sie waren wenigstens da, ohne allerding je wirklich zu sprudeln.

Trotz all dieser Rückschläge fühlte sich Thomas innerlich zufriedener, als wenn er bis zu der unabwendbaren betriebsbedingten Kündigung bei der Bäckereikette geblieben wäre und sich den enormen Aufwand für sein Abitur sowie das anschließende Studium gespart hätte. Er hatte es wenigstens *versucht* und etwas geschafft, das sich zwar nicht finanziell auszahlte, aber wie eine erfolgreiche Bergbesteigung, die in der Regel auch keine praktischen Vorteile mit sich bringt, eine gewisse innere Befriedigung vermittelt – eine Art Erfolgserlebnis. Er entwickelte nebenbei in Heimarbeit freiberuflich etwas Software und blieb dadurch fachlich auf dem Laufenden. Vielleicht würden die Zeiten auch einmal wieder besser werden – hoffentlich noch bevor sogar sämtliche Taxifahrer in die Arbeitslosigkeit abtauchen müssen, weil man sie für die autonomen Fahrzeuge nicht mehr braucht.

Wir machen momentan die vermeintlich letzte Stufe der Industriellen Revolution durch. Daran, dass wir unseren Lebensunterhalt üblicherweise ohne körperlich schwere Arbeit verdienen können, haben sich die meisten von uns längst gewöhnt. Der nächste Schritt dürfte nun darin bestehen, dass die Arbeitskraft des Menschen überhaupt nicht mehr für dessen eigenen Erhalt benötigt wird, weil vielleicht Computer sowie Roboter diese Tätigkeiten besser und problemärmer bewältigen. Möglicherweise werden ein paar Generationen nach uns junge Menschen gar nicht mehr nach ihren Berufswünschen gefragt, sondern ob sie als Erwachsene *überhaupt* arbeiten wollen oder eher glauben, sich selbst irgendwie sinnvoll beschäftigen zu können. Breitere Schichten der Bevölkerung werden dann vielleicht ähnlich leben, wie dies im Mittelalter der Adel konnte, also gänzlich ohne Arbeit, aber hoffentlich nicht mit destruktiven Motivationen gegenüber den anderen Zeitgenossen!
Auch das in so bedenklichem Maße schneller werdende Wachstum der Erdbevölkerung könnte dank innovativer Robotertechnik irgendwann in fernerer Zukunft wieder abgebremst werden, nämlich dann, wenn die Wahl des Lebensabschnittspartners nicht mehr unter den anderen Mitmenschen erfolgt, son-

dern in Form eines Roboters befriedigt wird, der in Wunschgestalt auftritt und über sämtliche im Katalog ausgesuchten Eigenschaften verfügt, welche natürlich vor der Bestellung mittels einer speziellen Psychologiesoftware auf ihre Plausibilität hin überprüft werden. Die dann lebenden Menschen werden unter Umständen überhaupt nicht mehr lesen und schreiben lernen, weil jedes Smartphone die ankommenden Nachrichten vorlesen und entsprechende Antworten nach kurzer darauf gesprochener Struktureingabe selbständig absenden kann.

Die Evolution ist keineswegs eine Art Einbahnstraße in Richtung eines von Generation zu Generation immer *„besseren"* und leistungsfähigeren Individuums, sondern viel eher eine ständige *Anpassung* an die Umgebungsbedingungen, die sich in einem permanenten Wandel befinden. Dabei kann das, was gebraucht wird, stärker und geeigneter werden, sich allerdings ebenso alles zurückbilden, was im Rahmen der Entwicklung überflüssig geworden ist. Bereits heute hat sich unser Hörvermögen, welches beim Urmenschen noch mit dem der Gämsen vergleichbar war, auf ein relativ niedriges Niveau reduziert und kann nur noch mit technisch äußerst aufwendigen Lauschgeräten auf die einstige Qualität angehoben werden. Unsere früher einmal vorhandene Fähigkeit, aus etwa zehn Metern Höhe in die Tiefe springen und von dort unbeschadet davonlaufen zu können, ist so ebenfalls der ständigen Anpassung durch die Evolution zum Opfer gefallen. Nicht vergessen sollte man die pigmentreiche dunkle Haut, welche unsere menschlichen Vorfahren zum Schutz gegen die starke Sonneneinstrahlung besaßen, als sie noch meistens in warmen Gebieten lebten; mit dem Besiedeln kälterer Regionen wurde die Ausprägung der Pigmente schwächer und Haut sowie Haare hellten sich allmählich auf, da der natürliche Sonnenschutz überflüssig geworden war.

Wird das Gehirn irgendwann fast nicht mehr gebraucht, bildet sich auch dieses zwangsläufig zurück. Schon jetzt gibt es Menschen mit teils großen Orientierungsproblemen, da sie ständig die Unterstützung durch ihr zuverlässiges Navigationsgerät gewohnt sind. Kinder, die nur noch mit Mühe kopfrechnen können, sind da lediglich ein eher unbedeutendes Beispiel für die Rückbildung von Fähigkeiten, welche im Rahmen der technischen Entwicklung – in diesem Fall der der Taschenrechner – nicht mehr gefragt sind, wobei es grundsätzlich kaum eine Rolle spielt, dass solche Hilfsmittel erst ab der Mittelstufe zulässig sind, denn was irgendwie zur Verfügung steht, wird stets auch benutzt. Diese beiden Beispiele haben noch gar nichts mit Genveränderungen zu tun, die für jeden – vielleicht kaum erkennbaren – Schritt eine Generation benötigen, sondern resultieren aus der ganz normalen Bequemlichkeit, die sich immer dann unmittelbar einstellt, wenn das jeweilige Nahziel auch mit weniger Anstrengung erreichbar ist.

Derartige Gedanken muten an wie Spinnerei, aber man muss einfach einsehen, dass eine Evolution, deren Weg ständig weiter nach oben führt, hauptsächlich unser Wunschdenken aufgrund des Dünkels darstellt, angeblich die *„Krone der Schöpfung"* zu sein. Angeführt wird dabei oft, dass wir ja doch von den Affen abstammen und uns gegenüber diesen Verwandten bereits deutlich weiterentwickelt hätten, was die kontinuierliche Aufwärtsbewegung untermauern und so die Erwartung bestätigen soll, dass dieser Trend auch für immer anhalten werde. Weitaus plausibler ist es dagegen, dass wir einst vom Affen *abgezweigt* und nur *auf einigen Gebieten* in Richtung größerer Fähigkeiten mutiert sind, weil die Rahmenbedingungen, in denen wir lebten, es von uns verlangt haben. Wenn sich diese allerdings aufgrund des technischen Fortschritts immer weiter vereinfachen, werden unsere jetzigen geistigen Errungenschaften möglicherweise eines gar nicht mehr allzu fernen Tages in ähnlichem Maße zusammenschmelzen wie einst die Klettereigenschaften gegenüber denen unserer hochgeschätzten Vorfahren, als diese noch vierbeinig agierten.

Alles will gelernt sein.

In der Controlling-Abteilung des großen Versiche-rungskonzerns brannte immer noch Licht und die einzige Mitarbeiterin, die sich offenbar nicht von ih-rem Bildschirm trennen mochte und unermüdlich viele Zahlen analysierte, war Marie Wittkopp, die Buchhalterin. Von ihrem Erscheinungsbild her hat-te es bereits bei der Einstellung keinen Zweifel ge-geben, dass man sie kaum an den Empfang set-zen oder im direkten Kundenkontakt beschäftigen würde, und so wirkte sie ausschließlich im Hinter-grund und arbeitete mit der ihr eigenen Genauig-keit an den Voraussetzungen für einen reibungslo-sen Geschäftsablauf, welche ja mindestens eben-so wichtig sind wie die Akquisition neuer Kunden durch die versierten Beraterinnen und Berater. Da Marie eigentlich nur per Telefon und mittels E-Mail kommunizierte, unternahm sie im Grunde niemals größere Anstrengungen, sich äußerlich irgendwie hervorzutun. Dabei wirkte sie keineswegs unförmig oder sonst in einer Weise von der Natur benachtei-ligt, aber sie lebte fast alleine, zählte gerade ein-mal etwas über dreißig Lebensjahre, verdiente re-lativ wenig und gab davon noch weit weniger aus, wodurch von ihrem moderaten Gehalt trotz der Ab-buchung zahlreicher Versicherungsbeiträge für alle erdenklichen Eventualitäten am Monatsende doch noch ein gewisser Geldbetrag auf ihrem Girokonto übrig blieb, der dann automatisch in einen Spar-vertrag floss und darin allmählich auch seine be-scheidenen Früchte trug. Die von ihrem Arbeitge-ber angebotenen Verträge konnte sie zu beson-ders günstigen Konditionen abschließen und war somit in quasi sämtliche Richtungen versorgt. Man kann nicht sagen, dass Marie so eine Lebensform von Anfang an erstrebt hatte, aber die Umstände prägten sie, wie ein steter Wasserstrahl auch das härteste Gestein irgendwann aushöhlt, und alles war im Laufe der Jahre frei von fremden Störeinflüssen so gewachsen. Natürlich hatte sie als junges Mädchen öfter davon geträumt, einen lieben Mann oder noch besser eine eigene Familie zu haben, in der sie akzeptiert und eine gute Figur mit Blickfangfunktion abgeben würde, aber manchmal entwickeln sich viele Dinge eben anders und man muss froh sein, wenn einem schlimme Schicksalsschläge dabei erspart bleiben. Somit hatte sich bislang kein geeigneter Kandidat für eine gemeinsame Zukunft gefunden, jedoch war damit auch jede Form der Enttäuschung in dieser Richtung ausgeblieben, denn wenn einen niemand auf die sprichwörtliche *„rosarote Wolke"* emporhebt, kann es logischerweise auch nicht dazu kommen, dass man dort fallengelassen wird und einen entsprechend schmerzhaften Aufschlag auf dem *„Boden der Tatsachen"* erleiden muss. Ein gerader und direkter Weg ist sicher meist weniger romantisch und spannend, aber auch deutlich unproblematischer als ein kurzer Höhenflug in den *„siebten Himmel"* mit anschließendem Sturz in die Tiefe...

Trotzdem fühlte sich Marie gar nicht einsam, denn sie teilte ihr Leben mit Schnurzel, einem unscheinbar grauen Hasen von mittlerweile stattlicher Größe mit einem weißen Bäuchlein, der recht schnell stubenrein geworden war und tagsüber die ganze Wohnung für sich hatte. Wenn er sein Geschäftchen erledigen musste, suchte er selbständig den Stall auf und wusste genau, dass die Elektrokabel nicht zum Anknabbern da sind. Sowie er abends Maries Schritte hörte, hoppelte er ihr total freudig entgegen und erhielt kurz darauf seine Möhre, die er dann in den Armen der Freundin genüsslich verzehrte. So bildeten die beiden eine Art Schicksalsgemeinschaft, was nicht ausschloss, dass sie sich gegenseitig sehr lieb hatten.

Eine gewisse Unstimmigkeit schlich sich in das ruhige und abgesicherte Leben der Buchhalterin, als gegenüber ihrer winzigen Wohnung ein hoch eleganter Beautysalon eröffnet wurde und durch professionell vergrößerte Fotos in den aufwendig dekorierten Schaufenstern präsentierte, welche Gestaltungseffekte mit den modernen Methoden der Mode- und Kosmetikindustrie heute möglich sind. Manchmal nahm Marie den Heimweg über die andere Straßenseite, um bei der Betrachtung dieser Auslagen vielleicht auch einmal einen Blick in das Innere der ansprechend hell gehaltenen Räumlichkeiten werfen zu können. Sie behielt dann stets ihre Gehbewegung bei, denn ein Verharren vor all den Herrlichkeiten erschien ihr zu auffällig und sie wollte schließlich nicht wirken wie ein kleines Mädchen, das sich an einer Schaufensterscheibe des Spielwarengeschäfts die Nase platt drückt, um die Puppenhäuser zu bewundern, die den manchmal fast unerfüllbaren Wunschtraum unter dem Weihnachtsbaum ausformen. Bei einem dieser Durchgangsbesuche überflog sie kurz die ausgehängte Preisliste und erkannte, dass bereits die gängigsten Basisbehandlungen neben ihrem Monatsgehalt auch einen Großteil der Ersparnisse zerschmelzen lassen würden. Somit schien eine Inanspruchnahme derartiger Dienstleistungen genauso unmöglich wie für ein Mädchen im Vorschulalter der Erwerb einer ganzen Puppenausstattung mit den Mitteln des stets nur im Centbereich tröpfelnden Taschengeldes. Die absolute Unerreichbarkeit der durch eine Scheibe bewunderten Traumwelt aufgrund der begrenzten finanziellen Mittel führte bei Marie allerdings weniger zu Enttäuschung oder gar Resignation, sondern vielmehr zu der Beruhigung, keine Schritte in dieser Richtung unternehmen zu müssen, weil so etwas vollkommen fern von jeder Realität wäre. So wird sich auch kaum jemand Gedanken über die aktuellen Grundstückspreise auf Mallorca machen, wenn er lediglich bei der Ausschau nach einem möblierten Zimmer ist, dessen Miete mit großen Einschränkungen gerade noch in das monatliche Budget passt.

Aus dieser Welt des Träumens von fernen Wünschen – noch nicht einmal des Durchlebens solcher Wünsche – wurde Marie abrupt herausgerissen, als sie wieder abends ihren Briefkasten aufschloss und neben allerlei Werbung auch so einen schneeweißen, ebenfalls an sie persönlich adressierten Geschäftsumschlag vorfand, dessen Absender sich in dem vornehmen Papierfenster als eine ihr vollkommen unbekannte Notariatskanzlei herausstellte. In dem sachlich sowie höflich abgefassten Schreiben wurde die Adressatin dazu aufgefordert, sich wegen einer Erbschaftsangelegenheit binnen zwei Wochen bei der im Briefkopf genannten Kanzlei zu melden. Zunächst dachte Marie an eine leider immer wieder in den unterschiedlichsten Varianten praktizierte Betrugsmasche, bei der beliebigen Leuten der Anspruch auf eine meist horrende Erbschaft vorgegaukelt wird, über die sie sofort verfügen könnten, sobald die damit verbundenen Verwaltungs- sowie Versicherungsgebühren auf ein gleich beigefügtes Konto der Western Union Bank überwiesen seien. Transferiert jemand die geforderten Beträge tatsächlich, hört er dann von der angeblichen Großerbschaft ebenso wenig, wie wenn er das Schreiben sogleich in den Papierkorb geworfen hätte. Eine solche Bankverbindung wies der glaubhaft notariell wirkende Brief nicht auf, dafür jedoch eine klare Telefonnummer, die nach einer kurzen Recherche im Internet tatsächlich zu einem ortsansässigen Notar gehörte.

Vorsichtig wählte Marie am folgenden Arbeitstag die angegebene Rufnummer und war mit der zwar freundlichen, aber versiert geschäftlich klingenden Stimme einer Sekretärin verbunden, welcher der Name „Wittkopp" offensichtlich bereits vorlag und die im Wesentlichen nur fragte, wann Marie in den nächsten Tagen einmal Zeit habe, um persönlich in der Kanzlei vorzusprechen, die sich außerdem gar nicht so weit von ihrem Stadtviertel entfernt befand. Sie solle zu der kurzen Unterredung bitte auf jeden Fall ihren Personalausweis mitbringen.

Die ganz gewiss berechtigten Bedenken zerstreuten sich in der folgenden Woche während des Besuchs, bei dem Marie höflich, jedoch förmlich und sachlich mitgeteilt wurde, dass eine Tante väterlicherseits kürzlich verstorben und sie, Frau Marie Wittkopp, von dieser dazu auserwählt worden sei, die Verantwortung für das hinterlassene Vermögen zu übernehmen. Da sonst keine gesetzlichen Erben ausfindig zu machen seien und überdies ein entsprechendes Testament vorliege, falle alles auf sie, wobei die Steuerlast erst nach Auszahlung des Erbes abzulösen wäre. Die Notariatskosten seien durch die Erblasserin bereits im Voraus beglichen worden, wodurch mit den entsprechenden Gebühren nicht gerechnet werden müsse.

Marie grübelte, wer diese Tante sein könnte, von der ihr Vater zu seinen Lebzeiten nie erzählt hatte. Schließlich erinnerte sie sich ganz vage, dass einmal von einer seiner drei Schwestern die Rede gewesen war, welche, in gewisser Weise aus der Art geschlagen, nicht gerade ein Vorbild abgäbe. Kontakt gab es immer nur zu Nathalie und Marie, der Taufpatin von Frau Wittkopp. Beide Damen waren nicht mehr am Leben und die soeben zur Erbin gewordene junge Frau überlegte, warum diese Verwandte so gar keine Verbindung zu ihrer Familie gehalten hatte – oder war sie vielleicht *„verstoßen"* worden und falls ja, weshalb bloß? Es ließ sich ermitteln, dass jene Tante Margot immer einen guten Riecher für alle Geldgeschäfte gehabt und von ihren Geschwistern des Öfteren um Unterstützung angegangen worden war, weshalb sie eines Tages verärgert die Korrespondenz abgebrochen hatte.

Die erforderlichen Formalitäten wurden durch die Notariatskanzlei zuverlässig ausgeführt und Marie musste im Grunde nur durch ihre Unterschrift erklären, dass sie damit einverstanden war. Als über das Erbe ein paar Monate später verfügt werden konnte, hätte sie sofort ihre Stellung bei dem Konzern kündigen und von nun an ein Leben im gehobenen Stil führen können, aber solche Schritte kamen überhaupt nicht in Frage. Sie erfüllte weiterhin all ihre Pflichten in der Buchhaltung, musste allerdings bei manchen, ihr früher riesig erschienenen Beträgen, die sie oft einzutragen hatte, mit leichter Belustigung feststellen, dass diese lediglich einen winzigen Bruchteil von all dem bedeuteten, was ihr mittlerweile zur freien Disposition stand. Zuvor hatte sie zu den Firmengeldern überhaupt keine Beziehung aufbauen können – es waren einfach nur Zahlen gewesen, etwa wie die einer Sachaufgabe im Fach Mathematik während der Schulzeit.

Das Leben der sorgfältigen Büroangestellten war trotz ihrer Diszipliniertheit ein wenig aus den Angeln gehoben und sie ertappte sich immer wieder dabei, unbewusst darüber nachzudenken, in welcher Richtung sie ihre neu und ohne jede Vorankündigung gewonnene Kaufkraft einsetzen könnte, ohne dass sie in das Fahrwasser mancher Lottomillionäre geriete, deren Gewinn nach dem Motto *„wie gewonnen, so zerronnen"* innerhalb ganz kurzer Zeit verschwunden war und die danach nicht nur nichts mehr von dem soeben noch vorhandenen Reichtum, sondern sogar beträchtliche Schulden hatten, weil sie bei ihren immer unbedachter werdenden Ausgaben überhaupt nicht mehr darauf achteten, von wo diese weggebucht wurden. Die Banken hatten großzügigste Überziehungskredite gewährt, weil sie oft der naiven Auffassung waren, dass dort, wo einmal so viel Geld hingeflossen ist, ganz bestimmt noch mehr hinfließen werde, was sich dann als Irrtum erwies und schließlich zu einer mit diesem Vermerk *„uneinbringlich"* zu buchenden Forderung führte, also letztlich zu einem Verlust. Als erfahrene Buchhalterin verkörperten für Marie solche Geschichten ein regelrechtes Horrorszenario und sie behielt ihren gewissenhaften Umgang mit Geld uneingeschränkt bei. Ihr fiel der Fall eines jungen Mannes ein, dessen Vater ihm als erfolgreicher Architekt ein Vermögen von fast drei Millionen Euro hinterlassen hatte, das der Sohn dann innerhalb nur weniger Monate durchbrachte und danach noch über eine halbe Million an Schulden aufzubieten hatte, bis die Banken endlich die Notbremse zogen.

Der Alltag lief also in dem gewohnten und gut eingespielten Rahmen weiter. Auf dem Heimweg kam es allerdings immer wieder dazu, dass Marie jene Preisliste des Beautycenters auf der anderen Straßenseite nun eher mit realistischem Blick überflog und sich dabei unbewusst die rosa Telefonnummer merkte, unter der problemlos Termine vereinbart werden konnten. Der in ihr schlummernde Wunsch war es also, sich äußerlich so zu verändern, dass sie gleichsam ein anderer Mensch würde und endlich zu einer Gruppe gehören könnte, die vor den potentiellen Kunden nicht versteckt, sondern eher stolz auf diese losgelassen würde. Ja, ein solcher Wunsch arbeitete tatsächlich in Marie – zuerst latent und kaum erkennbar, dann immer bewusster und schließlich als reale Planung. In ihrem Umfeld wusste niemand von der Erbschaft, denn die durch Tante Margot Begünstigte war weit entfernt von jener Arroganz, die manche Erben sofort annehmen, wenn sie einmal in ihrem Leben zu Geld gekommen sind, für das buchstäblich kein Finger gerührt werden musste: Sie treten bei den Banken durchwegs unverschämt fordernd auf und betrachten alle Dienstleister als eine Art Untermenschen, welche schleunigst ihre Wünsche zu erfüllen und ansonsten nichts, aber auch gar nichts zu vermelden haben. Solche Allüren lagen Marie so fern wie ein Schneesturm dem Äquator, jedoch eine radikale Veränderung ihres kompletten Ichs spukte trotzdem weiter im Kopf herum; dabei hatte die kürzlich zu viel Vermögen Gekommene eigentlich keine genauen Vorstellungen, wie dieses im Detail vor sich gehen sollte, denn sie gehörte nicht zu der Sorte von Frauen, die ständig darüber nachdenken, wie sie wirken oder wirken könnten und was ihnen alles noch fehlt, um das Erscheinungsbild abzugeben, das sie sich wünschen und das überdies dem ständigen Wandel der Modeeinflüsse unterliegt. In ihrem Elternhaus war jenes Thema nie im Mittelpunkt gestanden und sie hatte sich auch zu keiner Zeit getraut, irgendwelche Experimente an sich zu vollziehen, die ohnehin nur zu Spannungen im familiären Kreis geführt hätten. Nach einigem Ringen um die Frage, ob ein derartiger Schritt gut zu heißen sei oder nicht, wählte Marie eines Samstagvormittags die wie das Passwort einer für die Arbeit benötigten Buchungssoftware in ihrer Erinnerung gespeicherte Telefonnummer von gegenüber und vereinbarte einen Beratungstermin, der mit ihren beruflichen Verpflichtungen im Einklang stand.

Marie huschte gleichsam durch die gläserne Eingangstür der Zauberwerkstatt für die Erfüllung der intimsten Träume und hatte einen Moment abgepasst, bei dem es sicher war, auch wirklich unbeobachtet zu bleiben. Sie wurde von einer überaus selbstbewusst wirkenden Dame empfangen, die in etwa im selben Alter stand, was sich allerdings bei ihrer Aufmachung nicht genau feststellen, sondern allenfalls vage erahnen ließ – mit einem Irrtumsrisiko von weit über vierzig Prozent. Rasch kam diese zur Sache und erklärte geschäftstüchtig, dass sie in dem vorliegenden ganz besonderen Fall das so genannte *„Komplettprogramm"* empfehle, zu dem nicht nur ein vollständiges Neustyling von Make-up und Frisur gehöre, sondern auch das Heraussuchen sowie die Bereitstellung der passenden Kleidung mit sämtlichen Accessoires inklusive der dazugehörenden *„Allroundpflege"*. Marie müsse den Antrag nur noch bestätigen und ihre Bankverbindung angeben, über die dann die Aufwandsbegleichung bequem und bargeldlos vorgenommen werde; dennoch könne sich jede Kundin ständig mittels Internet über die angefallenen Beträge informieren, da sie mit dem bei Auftragserteilung vergebenen Passwort Zugriff auf ihr privates Kundenkonto erhalte. Jene Beraterin hatte es perfekt heraus, auf jede „Patientin" so einzugehen, dass sie von dieser bereits bei der ersten Begegnung sofort als neue Freundin akzeptiert wurde, der man wirklich vertrauen kann und die nicht nur absolut fachkompetent ist, sondern auch mit großem Geschick die unbestritten beste Lösung findet und gleich darauf umsetzt, sofern die Interessentin damit einverstanden ist. So viel persönliche Wärme hätte Marie nie anzutreffen geglaubt und es kam ihr vor, als ob sie an diesem Ort nicht nur zu einem total anderen Menschen mutiere – gleichsam zu einer bislang so ganz weit entfernten Traumgestalt, sondern außerdem eine Freundin gewonnen habe, der man alles anvertrauen könne und deren kompetente Hilfe jederzeit abrufbar sei. Beinahe innerlich schwebend unterzeichnete Marie das vorgefertigte Formular, in das alle benötigten Daten korrekt eingetragen waren, und vereinbarte für den kommenden Samstag um elf Uhr ihren ersten Behandlungstermin.

Drei Tage später erschien sie pünktlich und wurde mit aller Herzlichkeit begrüßt. Nach Vorlage der gut bebilderten Stilideen saß im Nebenraum ein ganzes Team von weiteren „Freundinnen" bereit, die ihr kurz vorgestellt wurden und dann behutsam sowie entschlossen an das Werk gingen. Sie trugen ausnahmslos blütenweiße Kittel in einem eleganten Schnitt, unterschieden sich allerdings mit ihren durchwegs sehr farbenfroh gestalteten Gesichtern von Ärztinnen oder Krankenschwestern. Im Hintergrund spielte einschmeichelnde Musik und jeder Blick fiel auf eine schier beispiellose Sauberkeit, in der man sich nur wohlfühlen konnte. Marie hatte über alle ihr präsentierten Vorschläge überhaupt nicht richtig nachgedacht, sondern vollständig darauf vertraut, dass man für sie in sämtlichen Punkten die beste und passendste Variante ausgesucht habe. Darüber hinaus empfand sie wieder die erwartungsvolle Vorfreude aus den frühen Kindertagen, die sich immer gezeigt hatte, wenn der Heilige Abend angebrochen war und Marie auf den Moment wartete, bei dem sich die Tür zu dem Weihnachtszimmer öffnete. Sie hatte nie, wie es Kinder in dieser Situation oft tun, geräuschlos durch das Schlüsselloch gespäht, sondern stets jenen Effekt der vollendeten Überraschung gesucht, durch den die Freude dann umso größer ausfiel. Dabei waren nicht die Einzelpunkte eines Wunschzettels in Erfüllung gegangen, sondern sie freute sich über alles, was das Christkind ausgewählt und beschert hatte. Ganz ähnlich kamen ihr diese Stunden der Verwandlung vor, in denen sie eigentlich nur zufällig in einen der beinahe überall hängenden Spiegel blickte und es genoss, dass die an ihr beschäftigten Damen ihre Arbeit ruhig und professionell verrichteten. Die Betreiberin, mit der Marie das erste Gespräch geführt hatte, konnte sich auf ihre instinktive Einschätzung verlassen und spürte, welche Kundin hauptsächlich die ureigenen Vorstellungen umgesetzt sehen wollte und welche eher die in der Kindheit gewachsene Freude an der Überraschung liebte; sie kannte ihr Geschäft und jetzt zahlte sich auch das im Anschluss an die praktische Ausbildung noch absolvierte Psychologiestudium aus.

Die Sitzung zog sich bis zum späten Nachmittag hin. Nun waren auch die Kleider eingetroffen, welche die Chefin mit der ihr übertragenen Vollmacht geordert hatte, und es bedurfte keiner großen Anprobe, da alles genau passte. Marie kam sich mittlerweile vor wie eine in weiten Kreisen berühmte Schauspielerin, welche für ihre bevorstehende Rolle zurechtgemacht wird und dabei froh ist, sich auf den Text konzentrieren zu können, während das eingeübte Team der Maskenbildnerinnen professionell seine Aufgaben verrichtet.

Bei einsetzender Dunkelheit und bereits kurz vor Geschäftsschluss wurde Marie verabschiedet. Sie hatte ihren gelben Kleinwagen schon am Vortag in der Nähe geparkt, damit sie in diesen sofort einsteigen konnte und es so weniger auffallen sollte, als wenn sie die Straße schräg überquerte; darüber, ob diese Taktik nun tatsächlich ideal und notwendig war, lässt sich diskutieren. Die erste kleine

Panne passierte bereits beim Öffnen der Wagentür: Die ungewohnt langen aufgesetzten Fingernägel beeinflussten die eingespielten Handbewegungen ungünstig, so dass einer sofort abbrach und außerdem an der sauber polierten Wagentür eine rote Spur hinterließ, die hoffentlich mit Lackreiniger entfernt werden konnte. Enttäuscht von ihrer Ungeschicklichkeit begab sich Marie noch einmal in das Studio und erhielt sofort professionelle Hilfe – wirklich wie von ihrer besten Freundin. Wieder perfekt, wurde der erneute Sprung in die „neue Welt" gestartet, der diesmal reibungslos gelang. Ebenso die Handhabung des Wagens beim Fahren stellte selbst mit den neuen überlangen Schuhabsätzen kein Problem dar; man muss nur wissen, worauf zu achten ist!

Marie wollte noch nicht sofort in ihr bescheidenes Zuhause, sondern zunächst einmal vorsichtig ausprobieren, wie sie als neuer Mensch wirkte; dazu wurde ein Stadtteil angesteuert, von dem man mit Sicherheit annehmen konnte, dass dort niemand sie kannte, und ein äußerlich ansprechend wirkendes Restaurant aufgesucht, um dort entspannt zu speisen, denn sie hatte seit dem Frühstück nichts mehr zu sich genommen und der ungewohnte Parfumduft, dem sie bereits während ihrer langen Sitzung ausgesetzt war, legte sich allmählich auf den Gaumen. Für das Auto fand sie rasch eine Parklücke und schloss es sorgfältig ab. Im Gasthof wurde sie von einem sehr gut gekleideten Herrn ausnehmend höflich empfangen und gefragt, auf welchen Namen denn reserviert sei und wie viele Personen noch erwartet würden. Auf die Antwort, nur eben vorbei gekommen und alleine zu sein, führte man sie dennoch an einen kleineren Tisch und reichte diensteifrig die Speisekarte. Nach Kartoffelbrei mit Sauerkraut, was als Kind immer ihr Lieblingsessen gewesen war, suchte sie allerdings vergebens und bestellte schließlich eine große Salatplatte sowie zum Getränk eine Apfelschorle, die beinahe zeitgleich serviert wurde. Während sie auf das Hauptgericht wartete, trat ein Herr in mittlerem Alter an ihren Tisch, an dem noch ein freier Platz war, und fragte charmant, ob sie wohl etwas dagegen habe, wenn er sich dort hinsetzen würde. Ihr Gegenüber wirkte äußerst gepflegt und welterfahren; er unternahm mehrere Anläufe, um mit Marie in Kontakt zu kommen, aber dieses Gefühl, gleichsam der begehrte Mittelpunkt zu sein, war für sie absolut ungewohnt und weckte in ihr eine stark ausgeprägte Form des Missbehagens. So entwickelte sich kein Gespräch, das Marie auch unter anderen Rahmenbedingungen kaum hätte führen können, weil die Erlebnisse des Tages viel zu viel noch nicht abgebaute Aufregung hinterlassen hatten. Schließlich ließ sie sich ihre Salatplatte, die wirklich ganz hervorragend zusammengestellt war, gut schmecken und signalisierte dem Kellner, dass nun die Rechnung erwünscht sei. Für eine Dame von ihrem Gepflegtheitsgrad wäre anschließend der Moment gekommen gewesen, sich im Toilettenbereich wieder „frisch zu machen" und dabei zumindest die Lippen nachzuziehen. An solche oder ähnliche „Verpflichtungen" dachte Marie nicht, denn so etwas hatte bisher noch niemals zu den Dingen gehört, die es zu beachten galt. So verließ sie nach einer kurzen Verabschiedung von ihrem Tischnachbarn das gepflegte Lokal auf dem direkten Weg und ließ damit einen Herrn zurück, der verärgert grübelte, was er bloß heute falsch gemacht habe, da er bei dieser Dame offenbar überhaupt nicht angekommen war, obwohl sie eigentlich exakt in sein Beuteschema passte. Gleich darauf suchte *er* die Toilette auf, um im Spiegel zu erforschen, was an ihm diesmal verkehrt war, fand allerdings nichts.

Am Abend verbrachte Marie mit der Gesichtswäsche deutlich mehr Zeit als üblich, aber sie wollte schließlich keine Flecken in ihr Kopfkissen bringen, die sich vielleicht nie wieder entfernen lassen würden. Beim Durchlesen des erhaltenen Informationsmaterials am darauf folgenden Sonntag fiel ihr ein besonderer Service auf, von dem es hieß: *„Wir machen Sie gerne vor ihrem Arbeitstag frisch. Teilen Sie uns einfach per E-Mail mit, um welche Zeit Sie fertig sein müssen. Wir schätzen den Aufwand ab und antworten Ihnen zeitnah, wann wir die Sitzung beginnen sollten.“* Diese Leistung nahm Marie in Anspruch, musste am nächsten Tag extrem früh aufstehen und erhielt vor der Arbeit wieder ein Styling, das kaum weniger auffällig war als jenes vom vorgestrigen Tag. Dazu hatte ihre „Freundin“ eine Kleiderkombination ausgesucht, die exakt auf den Businessalltag abgestimmt zu sein schien. Die Leistung des Teams war so gut, dass Marie pünktlich am Arbeitsplatz erschien. Außer ihren Nägeln wirkte eigentlich nichts ausgesprochen ungewohnt, denn ihr Büro verfügte über keinen Spiegel; es gab lediglich ein eher kleines Exemplar, das die Vorgängerin, welche sich inzwischen in Altersteilzeit befand, einmal an der Tür innerhalb des Garderobenschranks angebracht hatte. Plötzlich trat Rudolph, der immer zu jedem freundliche Auszubildende, den alle nur vertraulich „Rudi“ nannten, an den Schreibtisch von Marie und sagte beinahe etwas unterwürfig: *Ich habe hier Hauspost für Frau Wittkopp, welche vergangene Woche noch an diesem Platz gesessen ist. Sind Sie ihre Nachfolgerin* *und wissen Sie vielleicht, wo ich die Kollegin jetzt finden kann?"* Eine leichte Rötung mischte sich in den erst vor einer Stunde aufgetragenen „Außenanstrich" in Maries Gesicht und diese antwortete ebenso freundlich: *„Legen Sie mir den Umschlag bitte einfach hin, ich mach' das dann schon."* Rudi dankte ihr für die Mühe und verabschiedete sich – nicht ohne vor dem Erreichen der Tür noch einmal (fast) unauffällig zurück zu blicken. Außerdem war er von dieser neuen Dame wie selbstverständlich mit *„Sie"* angeredet worden, was ihm sonst keinesfalls überall widerfuhr.

Marie fühlte sich indes weit entfernt von ihrem inneren Höhepunkt. Wenn nur dieses abscheuliche Unsicherheitsgefühl nicht wäre! Im Geiste hörte sie schon förmlich das schallende Gelächter, das die beruflichen Leidensgefährten hinter ihrem Rücken loslassen würden, wenn sie die Wahrheit über die „neue Kollegin" erführen. Dieses vorgestellte Szenario war alles andere als angenehm. In der Mittagspause schlich sie sich gleichsam in die Kantine und fand dort einen noch leeren Tisch in einer Ecke, die sie ansonsten nicht aufzusuchen pflegte, weil dort der Bereich eines anderen Teams anfing – eine Regelung, die sich im Laufe der Jahre fest eingespielt hatte. Eigentlich passte Marie zu den Kolleginnen, die dort in den nächsten Minuten eintrudelten, äußerlich jetzt besser, aber sie musste spontan an eine ihrer früheren Schullektüren denken, die sie zu Beginn der Mittelstufe gelesen hatte, nämlich an das bekannte Buch *„Als ich ein kleiner Junge war"* von Erich Kästner[46]. Dort erwähnte

---

[46] Emil Erich Kästner (☼ 1899, † 1974) war ein deutscher Schriftsteller, Publizist und Drehbuchautor, der sich unter anderem ausgiebig mit der Jugendliteratur befasste.

der Autor an einer Stelle das Gleichnis eines sauberen Quadrats, das sich eingebildet hatte, unbedingt ein Kreis werden zu müssen, und dann auf halbem Wege stecken blieb. Nun stellte es weder einen schönen Kreis noch ein gelungenes Quadrat dar, sondern etwas in erster Linie *nicht* mehr Perfektes. Genau so kam sich Marie vor: Nach außen wirkte sie nun vollendet und in jeder Hinsicht begehrenswert, aber im Innern konnte sie die Brücke zu diesem neuen Erscheinungsbild einfach noch nicht aufbauen, weil in ihrem Gedächtnis keinerlei abgespeicherte Erfahrungen vorlagen, welche es ihr ermöglichten, damit zu leben. So hatte sich das Selbstwertgefühl nicht gesteigert, sondern war einem fast quälenden Druck gewichen, der nur bewirkte, dass sie sich wieder nach einem festen Boden unter den Füßen sehnte. Ob es jemals zu erlernen sein würde, mit diesem Aussehen umzugehen oder ob sich so etwas über viele Jahre hinweg heranbilden muss und gleichsam kaum trainierbar ist? Schließlich wollte sie so schnell auch wieder nicht aufgeben, denn das „neue Gesicht" war doch einerseits bestens gelungen, wie ihr ein flüchtiger Blick in den Spiegel vom Toilettenraum verriet, und anderseits ein wohl durchdachter Wunsch gewesen, an den sie früher zwar niemals hätte denken können, der aber nun unter den geänderten Umständen hatte Wirklichkeit werden können.

So spielte Marie noch für den Rest der Woche ihre Rolle weiter, fühlte sich jedoch dabei keineswegs gut. Ihre „Freundinnen" von schräg gegenüber gaben sich indes weiterhin die größte Mühe, suchten für jeden Tag wieder etwas andere Kleidung aus und ergänzten dazu die exakt passende Aufmachung, wobei der auffällige Stil allerdings stets beibehalten wurde und so allmählich ihr neues sowie dominierendes Markenzeichen bildete.

Am Donnerstag fand wiederum der allwöchentliche *„Jour fixe"* statt, eine Besprechung mit ihrem Abteilungsleiter – eigentlich eher ein Routinegespräch, denn ihre Zahlen stimmten immer. Folglich gab es für diesen Herr Langer niemals irgendwelche Ungereimtheiten zu beanstanden. Meistens verliefen solche Unterredungen in förmlicher Höflichkeit und dauerten niemals länger als erforderlich. Marie ließ die Angelegenheit mit einem rumorenden Gefühl im Magen auf sich zukommen und betrat zur vereinbarten Uhrzeit Herrn Langers Büro. Als er sofort vom Stuhl aufsprang und lächelnd auf die Eintretende zu schritt, was sonst nicht zu seinen Ritualen gehörte, versuchte diese, so wenig wie möglich von der üblicherweise praktizierten Art abzuweichen, und sagte, jede Vibration in ihrer Stimme mit besten Kräften unterdrückend, nach einer kurzen sowie korrekten Begrüßung: *„Hier sind wieder die Unterlagen, auf die Sie jedes Mal gerne noch einen Blick werfen, bevor ich sie in das System eingebe."* Der Chef erkannte die Stimme und war perplex. Er empfand das weitere Gespräch als genauso ungewohnt wie Marie, obwohl es sich fachlich eher um eine Kommunikation mit recht geringem Aufregungsgrad handelte. Schließlich fing er sich, während seine Kollegin weiterhin im Unsicherheitsbereich tappte, und fragte, ob denn bezüglich des Arbeitsplatzes noch Zufriedenheit bestehe oder allmählich eine Veränderung gewünscht sei. Mit dieser Frage hatte die stets gewissenhafte Buchhalterin nun überhaupt nicht gerechnet und entgegnete, dass sie vollkommen zufrieden sei und ihre Arbeit gerne in dem bisherigen Stil weitermachen wolle.

Das hätte ihr noch gefehlt, sich nun obendrein in ein völlig fremdes Themengebiet hineinfinden zu müssen! Es ist merkwürdig, wie der Mensch zuweilen reagiert: Die Erfüllung des seit Jahren bohrenden Wunsches, endlich zur vorzeigbaren Liga der Versicherungsmitarbeiterinnen zu gehören, wurde ihr nun tatsächlich vor die Füße gelegt, aber plötzlich wuchs die Angst vor einer neuen ungewissen Aufgabe empor, der sich die Kandidatin nicht gewachsen fühlte und die sie somit lieber ablehnte, als mit beiden Händen und vor allem freudig danach zu greifen. In der Firma bewahrte sich eine taktvolle gegenseitige Achtung und personelle Dispositionen wurden stets mit äußerster Diskretion in die Wege geleitet, aber durch die vielerlei unsichtbaren Antennen, die man im Laufe der Zeit entwickelt und zuweilen auch unbewusst ausfährt, hatte das kleine Rädchen im großen Getriebe des Versicherungskonzerns doch jene verschlüsselte Botschaft allmählich dechiffrieren müssen, welche leider schlichtweg lautete: *„Sie sind in der Arbeit zwar gut, aber nach außen hin einfach nicht vorzeigbar."* Genau dieser Makel war nun endlich abgestellt, jedoch seine Wurzel reichte bis tief in das Innere der Psyche und bildete gleichsam eine Blockade, die sich nicht so einfach überwinden ließ.

Selbst nach zwei weiteren Wochen kam es Marie immer noch vor, als sei sie irgendwie maskiert und so konnte sie die unverändert bestehende Diskrepanz zwischen innen und außen einfach nicht nivellieren. Wenn sie jemandem auf dem Gang begegnete und dabei so auffallend unauffällig beäugt wurde, hatte sie jedes Mal das Gefühl, hinter der Ecke ein gut unterdrücktes Lachen zu vernehmen, dessen Auslöserin natürlich ausschließlich sie sein musste. Vielleicht war das Einbildung, unter Umständen aber auch nicht!

Der einzige, dem keine Veränderung aufzufallen schien, war Schnurzelhase: Ihm schmeckte seine abendliche Möhre aus Maries Hand und es kümmerte ihn überhaupt nicht, welche vielfältigen farblichen Betonungen ihr Gesicht aufwies; er kannte die weiche Stimme und fühlte sich im Arm seiner menschlichen Gefährtin wie eh und je vollkommen geborgen – egal, ob diese mit einem Ausverkauf-Pullover oder einem eleganten Kostüm bekleidet war. Wenn er die warme Hand spürte, die zärtlich seinen Rücken streichelte, spielte es für ihn auch keine Rolle, wie stark die Fingernägel verlängert waren und welchen Lack sie trugen.

Irgendwann würden sich die Mitmenschen an die neue Frau Wittkopp gewöhnt haben, denn Veränderungen in eine positive Richtung werden meist schneller akzeptiert als anders herum. Jetzt oder ein wenig später die „Rückverwandlung" vorzunehmen, würde das ganze Gerede erneut entfachen und Marie wiederum in den ihr keineswegs angenehmen Mittelpunkt katapultieren, der dann noch weit unschönere Spekulationen auslösen könnte wie beispielsweise: *„Bei ihr ist wohl jetzt kein Geld mehr auf dem Konto".*

Gut gewöhnt hatte sich die wohlhabende Erbin hingegen an das frühere Aufstehen und den allmorgendlichen Besuch in dem Studio gegenüber ihrer Wohnung. Sie wurde dort immer mit derselben Liebenswürdigkeit empfangen und war manchmal regelrecht gespannt, welche Variation sich das Team diesmal für sie ausgedacht hatte.

Am Monatsende prüfte Marie die Abbuchung des Beautysalons von ihrem Gehaltskonto, der sie ja mit eigenhändiger Unterschrift bei Beginn der Individualbetreuung zugestimmt hatte, und musste die Zahl dreimal lesen, bevor sie registrierte, was diese bedeutete. Als korrekte Buchhalterin war es bei ihr obligatorisch, sämtliche Kontobewegungen genau zu analysieren und dann erst den Auszug abzulegen. Das, was heute fehlte, entsprach fast einem Netto-Jahresgehalt und rangierte gefühlsmäßig jenseits aller guten Sitten. Von ihrem jetzigen Verfügungsrahmen her stellte das Ganze gar kein Problem dar, aber war so etwas moralisch eigentlich noch vertretbar? Marie lebte weiterhin in ihrer selbst in die Wege geleiteten Verwandlung und akzeptierte somit auch die dazu gehörenden Abbuchungen, denn sie befürchtete, dass der Schritt zurück noch weitaus schmerzlicher wäre als der anfangs kühne Sprung in die total abenteuerlich wirkende „neue Welt". Äußerlich war sie endlich nach Erich Kästners Vergleich der perfekte Kreis, aber dieser ließ sich beim besten Willen nicht mit dem unverändert in ihrem Innern befindlichen Quadrat zur Deckung bringen; wie soll schließlich auch ein Kreis zu einem Quadrat kongruent sein können? Das gelingt lediglich, falls Radius und Seitenlänge den Wert „null" annehmen – aber wer möchte sich schon gerne als Null fühlen? Marie hatte die Farblosigkeit ihres früheren Lebens gegen eine sie oft psychisch belastende innere Verklemmtheit eingetauscht, die immer wieder dadurch geschürt wurde, dass ihre Mitmenschen sie nicht mehr richtig einzuschätzen wussten – in etwa wie wenn auf einer Dose frische Bananen zu sehen sind, jedoch nach dem Öffnen Gurken zum Vorschein kommen; diese sind wahrlich kein schlechteres Nahrungsmittel, aber decken sich einfach nicht mit der Erwartung, welche die Abbildung vormals ausgelöst hat, was zwangsläufig für eine Konfliktsituation sorgt.

Somit war in Maries Leben eine von ihr selbst gewollte Wendung eingetreten, welche es hatte eher noch schwieriger werden lassen, aber keinesfalls glücklicher. Es gab Momente, in denen die Nichte es regelrecht bedauerte, das Vermögen ihrer Tante Margot jemals geerbt zu haben.

Der Autor

Peter Michael Wocke studierte nach dem Abitur und dem Zivildienst zunächst Elektrotechnik an der alten Technischen Universität seiner Heimatstadt München.

Während eines befristeten Vertrags am Lehrstuhl ließen sich die ersten beruflichen Erfahrungen vor dem Einstieg in einen global agierenden Elektrokonzern gewinnen, wo er schwerpunktmäßig auf dem Gebiet der Informatik im Bereich Forschung und Entwicklung arbeitete. Zu seinen Tätigkeiten gehörte immer auch die interne und externe Vermittlung von Fachwissen. Neben dem Beruf promovierte er in Maschinenbau und übernahm später Aufgaben im Management des Konzerns. In seiner stets knappen Freizeit fand sich schließlich noch eine Lücke für die Autorentätigkeit.

Nach den Kurzromanen
„Im Besitz der Familie",
„Die Zukunft des Unmöglichen" und
„Eine Chance wie eins zu einer Million"
führen die vorliegenden Kurzgeschichten den Leser in eine Welt des gegenseitigen Verstehens und Tolerierens, was in unserer heutigen Gesellschaft, die meist auf den schnellen Vorteil hin optimiert ist, für jeden von uns zunehmend wichtiger wird.

Zeitfracht Medien GmbH
Ferdinand-Jühlke-Straße 7
99095 Erfurt, Deutschland
produktsicherheit@kolibri360.de